마테 메오 상담치료

영상과 강점 기반

마테 메오 상담치료
영상과 강점 기반

초판 1쇄 발행 2023년 3월 15일

지은이 이유미
펴낸이 장길수
펴낸곳 지식과감성⁺
출판등록 제2012-000081호

교정 정은지
디자인 이은지
편집 이은지
검수 양수진, 이현
마케팅 고은빛, 정연우

주소 서울시 금천구 벚꽃로298 대륭포스트타워6차 1212호
전화 070-4651-3730~4
팩스 070-4325-7006
이메일 ksbookup@naver.com
홈페이지 www.knsbookup.com

ISBN 979-11-392-0999-0(03180)
값 12,000원

- 이 책의 판권은 지은이에게 있습니다.
- 이 책 내용의 전부 또는 일부를 재사용하려면 반드시 지은이의 서면 동의를 받아야 합니다.
- 잘못된 책은 구입하신 곳에서 바꾸어 드립니다.

지식과감성⁺
홈페이지 바로가기

MARTE MEO THERAPY

마테 메오 상담치료

― 영상과 강점 기반 ―

글 · 이유미

보이는 상담 마테 메오는 영상과 강점에 기반한 현대적인 상담기법으로 개인의 강점을 활성화하여 '자신의 힘'으로 원하는 것을 성취할 수 있도록 자신감을 키운다

책을 펴면서

　일상 속에서 잠시 시간을 멈추고 자기를 뒤돌아볼 여유조차 없이 시간이 흘러가는 것처럼 느껴질 때가 종종 있다. 하지만 시간을 잠시 멈추면 비로소 보이는 것들이 있다. 지금 여기에 시간을 멈추고 가만히 머물면서 자세히 바라보는 것은 이전에 알아차리지 못한 것을 새롭게 발견하고 그 변화를 돕는 데 큰 역할을 한다. 이것을 가능하게 하는 것이 '영상 이미지에 기반한 마테 메오(Marte Meo) 상담법'이다. 영상을 재생(Play)하고 보다가(Watch) 행복하고 성공적이며 좋은 순간(Happy and successful, good moments)에 일시정지(Pause)를 누르고 클로즈업(Close up)한다. 그 순간 흘러가던 영상은 특정한 순간(Specific moments)에 잠시 정지되고 영상 속 시간도 자연스레 멈춰진다. 멈추면 보인다고 했던가? 멈춘 시간 속 영상 이미지는 우리에게 많은 영감을 선물한다. 잠시 시간을 멈추면 비로소 사람들 간의 긍정적인 상호작용과 의사소통이 일어나는 순간순간에 대해 보이는 것들이 있다. 아주 작은 성공 경험에 주의를 기울인다. 멈춘 시간 속에서 자기 자신을 적당한 거리를 두고 여유로운 시선으로 좀 더 객관적인 시점에서 살펴볼 수 있으며 자기와 상대방을 이해하며 의미를 찾아가는 긍정의 시간이 될 것이다.

마테 메오(Marte Meo) 상담법은 단순하고 이해하기 쉬운 언어인 '이미지의 힘(Power of Image)'을 사용하여 일상 생활 속 아주 작고 사소한 순간을 대하는 태도가 달라지는 데 도움을 주고 자기 효능감을 높인다. '자신의 힘(On one's own Strengh)'으로 자기가 이미 지니고 있는 긍정적 레질리언스, 즉 회복탄력성에 기반하여 새로운 가능성을 발견하고 의사소통을 향상시키며 긍정적 행동 변화를 모색하는 데 도움을 준다. 마테 메오 창시자 마리아 아츠(Maria Aarts)는 이러한 활력을 주는 순간을 '합 합 순간(Happ-Happ Moments)'이라고 부른다(역자: 네덜란드에서는 음식을 한 숟가락 떠먹을 때 'Happ-Happ'이라고 한다. 우리나라에서 '냠냠' 하는 것과 유사하다. 아주 작고 사소한 순간을 즐겁게 한 스푼씩 음미하면서 행복을 느끼고 즐기는 것이며 한껏 누리고 감사하는 마음으로 매 순간 잠시 멈춘다. 긍정 정서를 높여준다). 누구에게나 반짝이는 '아름다운 순간'이 있다. 작은 성공의 순간에 주목하여(Pay attention to small moments of success) 사람들이 힘을 얻도록 한다. 그리고 가까운 사람들에게 감사해하며 서로의 유대 관계를 돈독히 쌓아가도록 한다. 우리 자신에게 주는 황금 선물(The Golden Gift)과도 같다.

최근 다양한 영상 재생 기술은 일상생활 속에서 그냥 지나쳐 버리는 순간에 대해 '미시적 발견'을 할 수 있도록 돕는다. 영상 재생 중에 특정한 장면에 정지하고 그 영상 이미지가 주는 순간에 머물게 함으로써 지나간 시간을 현재로 가져올 수 있다(Hawellek. C.,

2012). 그림 한 장에 담긴 수많은 의미와 가치를 발견하기 위해 '적게 보여 주고 오래 머문다(Less is more)'. 멈추고 머물며 비로소 보이는 것들은 우리 자신이 가진 보물 즉, 강점과 자원을 발견하는 데 시선을 맞추도록 돕는다.

  상담에서 언어는 가장 중요한 형태의 치료적 자원이자 도구이다. 내담자가 놓여 있는 현실에 대한 언어적 재구성은 문제와 해결에 대한 것을 담고 있다. 내담자의 구두적 보고에 의한 이야기는 그 인식에 기반하기 때문에 현실과 차이점이 있을 수 있다. 그 차이를 좁혀 주기 위해 '시간을 멈추고 머무는 작업'은 자신이 문제라고 보고 있는 것에 대한 의미와 그 의미 할당을 변화시킬 수 있다. 내담자의 언어적 재구성에 영상 이미지를 추가하면 좀 더 체계적으로 '자신'에 대한 개념을 분명히 한다. 문제로 인식하고 기술하는 현상은 완전히 다른 의미를 찾는 새로운 프레임 즉, '영상 이미지'에 담고 내담자가 가지는 강점을 찾고 강화함으로써 그 문제는 해결책으로 전환될 수 있다. 사람들 간에 상호작용과 의사소통은 언어와 비언어로 구성된 메시지들이다. '시간을 멈추고 머무는 작업'은 특정한 상호작용의 순간을 미시적으로 분석함으로써 재구성을 위한 해체 작업이 될 수 있다. 그 해체는 긍정적으로 '잘 작동하는 것'에 중심을 둔다. 내담자가 이 작업을 통해 자기 관찰된 것은 지각되어 다시 언어로 설명된다. 그 설명은 내담자에게 의미 있는 맥락에서 설명되어야 할 것이다. 내담자의 '시간을 멈추고 머무는 작업'은 인식-파악-이해-설명의 단계로 진행되어 동일한 장면에 대한 설명보다 훨씬 더 포괄적이고 정확하며 다양한 정보가 포함되어 있다. 상담에 치료적인 장면을 선별하는 것은 매우 전문적인 작업이며 이에 맞게 정확한 구별과 의미 있는 해석으로 이어질 수 있다. 이미지의 힘은 더 이상 개인의 머릿속의 상상이 아니라 내담자의 자원을 활성화시키고 자신이 본래 가지고 있는 강점을 발견하고 '자신의 힘'을 발휘하도록 돕는다. 이때 내담자의 이니셔티브를 주의 깊게 기다리고(Attentive Waiting an Initiative) 따르는(Following an Initiative) 상담자의 태도는 매우 중요하게 작용한다.

우리나라에서 처음으로 2018년 마테 메오를 소개하고 난 후 2021년 12월 16일 목요일에 드디어 2019년 11월 18일부터 시작한 마테 메오 프랙티셔너 자격교육 과정이 종료되었다. 예기치 않게 다가온 코로나 시국으로 3개월 만에 종료되어야 할 자격교육 과정이 2년이나 걸린 것이다. 정말 마테 메오의 주의 깊고 적극적인 기다림이 아니었다면 실제 무척 어려웠을 것이다.

나 또한 마테 메오와 함께한 시간이 너무 뜻깊었고 감사하고 소중했다. 스스로의 힘과 변화의 가능성을 열어 보았기에 더욱 그랬을 것이다. 많은 사람들이 마테 메오를 알게 되고 그들의 삶에 '아름다운 순간'을 찾길 바라는 마음이다.

누구에게나 반짝이는 '아름다운 순간'이 있다. 작은 성공의 순간에 주목해 보자. 우리 자신이 가진 자연적인 능력과 힘을 믿어 보자.

그동안, 기쁜 마음으로 한국에 최초로 마테 메오를 알리고자 노력하였다. 마테 메오를 알고 싶으신 분, 임상 현장에서 좀 더 내담자에게 유익한 상담접근법을 원하시는 분, 자녀 양육하는 데 구체적인 기술이 필요하신 분 등등 조금이라도 도움이 되길 바라는 마음으로 '마테 메오 시작하기'를 번역하였고 이제 '마테 메오 상담치료'를 집필하였다. 전문적인 마테 메오 상담과 영상 이미지 사용에 대해 자세히 알고 싶으신 분들에게 도움이 되길 바란다.

  감사합니다.

2022년 8월 어느 날

추천사

　마테 메오(Marte Meo)는 네덜란드인 마리아 아츠(Maria Aarts)가 개발한 특정한 형태의 의사소통 및 상담방법으로 세계적으로 상표등록 된 명칭입니다. 화성이라는 뜻의 Mars, Martis의 어원은 '전쟁의 신'을 의미하는 고전 라틴어로 이는 스스로 무언가를 성취한다는 의미입니다.

　이 방법은 현재 50개국 이상에서 성공적으로 시행되고 있으며 다양한 분야에서 사용되고 있습니다. 핵심 목표는 다양한 사회 영역에서 부모와 전문가가 '자신의 힘'을 사용하여 스스로 발달 과정을 촉진하도록 격려하는 것입니다.

　이 방법의 주요 도구는 특정한 의사소통 기준에 따라 분석된 부모, 청소년 및 전문가의 발달 기회 또는 발달 지원 행동과 관련하여 자체 리소스를 이미지를 통해 명확하게 볼 수 있는 일상적인 상황의 짧은 비디오 녹화입니다.

　동시에 마테 메오는 자신의 자원에 대한 인식을 돕고 무언가를 잘한 사람들의 경험을 설명할 수 있으며 결과적으로 그 이미지를 통해 자신의 동기, 활동 및 자신감을 향상시킵니다.

  친애하는 이유미 센터장님, 마테 메오 방법이 한국에서 널리 알려지고 관심을 가질 수 있도록 한 당신의 마테 메오에 대한 큰 헌신, 성실함과 인내심에 대단히 감사드립니다. 2018년 10월 독일에서 마테 메오 실무자 과정을 성공적으로 마친 후 같은 달 건국대학교와 독일 파흐풀 교육원(fachpool gGmbH)과 협력하여 푸른나무재단(전. 청소년폭력예방재단) 주최로 서울에서 한독 협력 마테 메오 워크숍을 개최했습니다. 연사 안냐 하드(Anja Harder) 마테 메오 수련감독자(Lic. Marte Meo Supervisor)와 얀 말베르그(Jan Malberger) 마테 메오 슈퍼바이저(Marte Meo Supervisor)가 수고해주신 가운데 이유미 센터장의 동시통역으로 진행되었습니다. 다시 한번 감사드립니다.

  한국에서 마테 메오 방법을 구현하는 데 사전 동의를 해 주신 마테 메오 창시자 마리아 아츠(Maria Aarts)의 영상 인사와 격려 말씀에도 감사드립니다!

  이와 동시에 독일 파흐풀 교육원(fachpool gGmbH) 폴커 라인(Volker Rhein) 대표의 전격적인 지원과 협력 그리고 특히 가장 애써 주신 푸른나무재단 김종기 명예 이사장님, 문용린 명예 이사장님, 이종익 사무총장님, 건국대학교 박종효 교수님께도 다시 한번 감사드립니다.

이와 같은 협력을 바탕으로 마테 메오 워크숍은 큰 성공을 거두었고 참석한 각 분야의 전문가와 이해 관계자로부터 다양하고 긍정적인 반응을 많이 받았습니다. 이유미 센터장님의 수고 덕분에 가능했습니다. 이어서 독일 파흐풀 교육원(fachpool gGmbH)과 푸른나무재단은 이후 독일 뮌헨에서 마리아 아츠의 '마스터 클래스' 마테 메오 공개 사례 슈퍼비전을 마친 후에 회의를 가지면서 서울에서 첫 번째 마테 메오 프랙티셔너 과정을 개설하기로 결정했습니다. 관심 있는 참가자들의 반응이 너무 좋아서 2개의 코스를 진행하기로 하였습니다. 2019년 11월 서울에서 처음으로 성공적으로 시작되었으며, 사전에 참가자들은 이미 특정 기준에 따라 짧은 비디오 클립을 제출했으며 교육 진행하는 동안 참가자 자신의 성장을 위한 긍정적 자원과 의사소통 방식에 관해 슈퍼비전을 받을 수 있었습니다. 각자 자신들의 임상 현장에서 사용 가능한 마테 메오 방법에 대해 놀라운 피드백과 관심 있는 질문과 아이디어 제안이 많이 있었습니다.

  아쉽게도 코로나로 인해 조금의 인내심을 가지고 이어지는 교육은 온라인으로 코스를 마쳐야 했지만 저희도 한국 사람들의 아름다운 '영상 이미지'를 분석하고 교육하는 동안 감사하고 기쁜 마음으로 이 난관을 성공적으로 이겨 내고 2021년 12월에 코스를 마쳤습니다. 한국에서 처음으로 성공적으로 마친 마테 메오 프랙티셔너 수료자 모두에게 큰 감사와 축하를 보냅니다! 우리가 수료식 날에 한국에 있었더라면 얼마나 좋았을까요? 마테 메오 공식 홈페이지에 전문가 등록 및 인증 과정을 계속해 나가면서도 이 중요한 날을 계속

축하하고 기뻐했을 것입니다. 한국에서 축하해 주지 못해서 정말 안타깝습니다.

마테 메오를 한국에 소개하고 구현하는 데 성공적으로 협력해 주시고 우리를 신뢰해 주신 푸른나무재단 모든 관계자분들께 감사드립니다. 또한 김경성 신임 이사장님 취임하신 것을 환영하며, 여러분의 도움과 성원으로 한국에서 마테 메오 접근 방식이 계속해서 성장할 수 있기를 바랍니다.

이제 마지막으로 친애하는 이유미 센터장님! 당신의 마테 메오 상담치료 도서를 통해 무궁한 발전과 다양한 분야에서 공명이 일어나길 바라며 앞으로 더 많은 협력을 기대합니다. 그동안 당신은 우리와 함께 Marte Meo Therapist로서 다음 단계의 훈련을 시작했으며 한국 최초의 마테 메오 상담 과정도 아주 훌륭하게 시작했습니다. 마테 메오와 함께 일하는 아주 짧은 시간 동안 당신이 얼마나 광범위한 지식을 쌓으면서 스스로 성장했는지 정말 놀랍습니다.

깊은 감사를 드리며,

2022년 8월 독일 하겐시에서

안냐 하더(Anja Harder)
얀 필립 말베르그(Jan P. Malberger)
폴커 라인(Volker Rhein)

책을 펴면서	4
추천사	10

제1장 - 마테 메오의 이해 17
1. 마테 메오란? 18
2. 마테 메오의 특징 26
3. 마테 메오의 발전 배경 39

제2장 - 마테 메오 모델과 기본 요소 45
1. 발달지향적 대화 모델 46
2. 메타적 요소, 적절한 목소리,
   톤과 건설적 대화법 모델
   - 표정 등 비언어적 커뮤니케이션 49
3. 상호작용 관찰에 기반한 이야기 모델 52
4. 자기 관찰 중심 상담 모델 55
5. 자기 관찰 후 관점 전환 모델 57
6. 비디오 상호작용 분석 모델 60
7. 마테 메오 기본 요소와 기법 62
8. 마테 메오 기법 72

제3장 - 마테 메오 '영상 이미지의 힘'	91
1. 영상 이미지란?	92
2. 영상 이미지에 기반한 특성과 효과	103
3. 영상 이미지에 기반한 상담 유무 차이	115

제4장 - 마테 메오 상담	129
1. 마테 메오 상담이란	130
2. 마테 메오 상담 과정	143

단계별 영상 이미지 기반한 리뷰 상담 예시	202
리뷰 상담 시 영상 이미지 재생 기술과 효과	209
마테 메오 상담자 자세와 태도	216
리뷰 상담 후 자가평가 체크리스트	219
마테 메오 자격교육 과정	224

참고 문헌   228

제 1 장
마테 메오의 이해

　제1장에서는 마테 메오의 개념과 주요 특징 그리고 발전 배경에 대해 다루었다. 마테 메오 상담에서 영상 매체의 사용법과 비디오 상호작용분석법(Video Interaction Analysis), 영상 이미지에 기반한 리뷰 상담(Review)에 대해 간단히 소개하였다. 영상 이미지의 힘과 이에 기반한 관찰의 힘은 우리 자신의 현재 살아가는 관점 중심의 자기 관찰이 가능하며 새롭게 발견하는 자신에 대한 긍정적 이미지는 관점의 변화를 촉진하고 영상 이미지 기반 관찰은 이전에 알아차리지 못한 새로운 정보를 얻도록 돕는다. 이에 자신에 대한 긍정적 '이미지의 힘(Power of Image)'으로 사람들의 전반적인 분야의 성장과 발달을 촉진시키고 자신감을 강화하며 내외부 세계에 비치는 자신의 자아상을 변화시키는 데 영향을 미친다. 특히, 관찰된 자신의 행동은 인과적 속성과 자기 개념이 변화하도록 돕는다. 무엇보다 흥미로운 것은 우리가 무언가를 새롭게 학습할 때 자신을 롤모델(Rolemodel)로 삼는다는 것이다. 자신으로부터 자신을 배운다.

①

마테 메오란?

1) 마테 메오 '자신의 힘'

마테 메오(Marte Meo)는 라틴어에 어원을 두고 있다. 마테(Marte)는 화성(Mars)에 어원을 두며 '힘'을 의미하고 메오(Meo)는 메우스(meus)에 어원을 두며 '나의(My)'를 의미한다. 사람들의 강점 발견과 잠재 가능성에 초점을 둔 접근법이다. 1970년대에 네덜란드인 마리아 아츠에 의해 개발되었다. 이 방법은 50여 개국 이상에서 사용되며 지속적으로 개발되고 과학적으로 연구되고 있다. 마테 메오의 목표는 사람들의 성장개발과 이에 필요한 학습 과정을 지원하기 위해 개인의 잠재력과 강점을 발견하고 발전시키는 것이다. '자신의 힘(On one's own Strengh)'을 사용하여 아동, 부모, 개인, 해당 분야의 종사자 및 슈퍼바이저 등 자신들의 발달 과정의 발전을 지지하고 촉진시키고자 한다. 이에 그들은 자신의 삶을 향상시킬 수 있는 기술을 개발하는 방법을 스스로 배울 수 있다. 마테 메오는 **영상 이미지 관찰에 기반한 강점 발견 지원 방식의 상담교육 방법이다.** 이 방법은 상호작용 방식에 대해 새로운 관점을 통해 접근할 수 있도록 돕는다. 이때 특정 상호작용 장면에 대한 미시적 관점 접근은 사소하고 작은 성공 경험 즉, 자원과 강점을 새롭게 발견하고 인식할 수 있도록 돕는다. 일상적 상호작용 상황을 카메라로 촬영해서 성공적 상호작용이 나타나는 해당 장면을 주의 깊게 관찰함으로써 사람들의 자원과 강점을 발전시킬 수 있도록 돕는다.

2) 마테 메오 시작

마테 메오는 네덜란드인 마리아 아츠(Maria Aarts)에 의해 개발된 영상 이미지 관찰에 기반한 상담교육 방법이다. 마리아 아츠는 특정한 이론에 구애받지 않고 이 방법을 개발했다. 마테 메오에 대한 일부 연구가 다수 수행되었고 앞으로 더 많은 과학적 연구가 필요하다. 현재 과학적으로 정리된 다른 접근법들과 유사점이 있다. 긍정적 양육을 촉진하기 위한 비디오 피드백 중재 및 정신 분석, 체계 및 교류분석 이론 등과 일부 유사한 부분이 있다. 마테 메오의 방법론은 긍정적 강화를 이용한 학습 이론과 일치하는 부분도 있다. 이 방법은 개인의 리소스, 솔루션 및 권한 부여에 중점을 둔다. 또한 볼비(Bowlby)의 애착 이론, 스턴(Stern)의 유아와 어머니의 의사소통 연구와도 유사점이 있다(Gill. E. H. 외 공저, 2019).

마리아 아츠는 사람들의 일상생활 속에서 구현할 수 있는 성장과 발달지원에 대한 실용적이고 구체적인 정보를 간결한 언어로 제공하는 것을 강조한다. 이 방법을 수행하기 위해 영상 촬영 및 녹화물을 사용하여 성장발달 과정을 촉진하고 당면한 문제 해결을 돕는다. 현재 전 세계 50여 개 국가에서 상담 및 코칭, 영유아와 아동 및 청소년 교육, 복지, 보호, 의료, 치료 등 분야의 전문가들이 자신의 일에 성공적으로 적용해서 사용하고 있다. 또한 도움이 필요한 아동 및 부모, 각 분야의 대상자들에게도 이 방법을 확대시키고 있다.

3) 마테 메오 적용 분야

마테 메오라는 개념은 의사소통 및 발달 수준에서 서로 다른 시스템을 가진 사람들 간에 '잘 작동하는 상호작용' 순간을 수년간 관찰한 결과이다(Aarts. M. & Aarts. J., 2019). 이 개념은 상담치료, 교육, 영상 이미지에 기반한 리뷰, 슈퍼비전, 칼럼 및 도서 등 다양한 분야에서 사용된다. 또한 이 기법은 전 세계 여러 국가의 전문가들이 다양한 임상 현장에 적용하고 있으며 다양한 직업군 및 직종 분야에서 종사자들이 사용하고 있다. 현재 다음과 같이 여러 분야의 종사자들이 마테 메오 자격을 취득하거나 또는 직무 교육을 통해 전문성을 갖춘 후 다양한 임상 현장에서 그들의 직무와 대상자들에게 적용하고 있다.

- 아동 및 청소년 상담 복지 분야
- 학부모 교육 및 상담, 부모자녀 상담, 가족치료 분야
- 아동 및 청소년 정신건강의학 분야
- 성인 정신건강 병동 분야
- 약물 치료 분야
- 아동 보호 분야
- 아동·청소년 복지행정국 공무원 직무교육
- 다양한 전문클리닉 및 요양 시설
- 소아청소년 관련 의료시설의 전문의 임상 분야
- 심인성 질환 분야
- 노인 요양 복지 종사자 직무 교육
- 치매 환자 돌봄 종사자 직무 교육
- 통증 완화 치료 및 호스피스 병동 종사자 직무 교육
- 조기 징후 발견 상담 및 지원, 조기 부모자녀 지원, 입양가족 지원, 주간보호 시설, 어린이집 및 유치원
- 정규 및 특수학교 교사교육
- 물리치료사, 직업치료사, 언어 및 놀이 치료사 교육
- 조기 조산아, 심하게 우는 아기 돌봄 종사자 직무 교육
- ADHD 아동 치료 분야
- 다양한 장애를 동반한 자폐 치료 분야 등(Aarts. M. & Aarts. J., 2019)

전 세계 마테 메오 사용하는 국가와 전문가 명단은 www.martemeo.com 사이트에 명시되어 있다. 마테 메오를 사용하고 있는 국가는 다음과 같다.

그리스	미국	에티오피아
네덜란드	벨기에	영국
네팔	벨로루시	오스트리아
노르웨이	보스니아	우루과이
뉴질랜드	볼리비아	이스라엘
대한민국	북아일랜드	이탈리아
덴마크	불가리아	인도
도미니카	브라질	케냐
독일	세르비아	크로아티아
라트비아	스웨덴	탄자니아
러시아	스위스	페로제도
룩셈부르크	스코틀랜드	폴란드
리투아니아	스페인	프랑스
리히텐슈타인	슬로베니아	핀란드
몬테네그로	아르헨티나	헝가리
몰디브	아일랜드	헤르체고비나
몽골	에스토니아	호주

한국은 2018년 최초로 워크숍을 통해 소개되었으며 마테 메오 프랙티셔너 자격 과정은 2019년부터 2021년까지 진행되었다.[1]

---

1) Fachpool gGmbH. Seoul. South Korea. (2019.11.18 – 2021.12.14). Marte Meo Practitioner Course

4) 마테 메오 기본 요소와 기법

마테 메오 기본 요소는 사람들 간에 자연스럽게 '잘 작동하는 상호작용의 순간'에 들어 있다. 그 순간에 일어나는 긍정적인 것에 초점을 두고 개인의 강점을 가시화한다. 원만한 의사소통은 모든 것이 한순간에 잘 작동되고 우호적으로 진행되고 있기 때문에 눈에 특별하게 보이지 않는다. 원만하게 반복적으로 일어나는 의사소통 패턴은 일상적인 상황에서 의사소통 능력을 향상시키는 기본적 요소가 되며 그것이 의사소통을 발전시키는 마테 메오 방법의 모델이 된다(Hawellek, 2020). 이 개념에서는 개인의 이니셔티브를 매우 중요시한다. 이니셔티브란 자발적이고 주도적으로 자신의 일을 이끌어 나가는 것으로 '스스로 하는 것'이다. 여기에는 언어적 의사소통 외에 자세, 얼굴 표정, 행동, 손짓 및 손동작, 몸짓, 말투, 목소리 톤, 눈 맞춤 등의 비언어적 의사소통도 포함된다. 마테 메오의 중요한 요소로는 이니셔티브를 주의 깊게 기다리기(Attentive Waiting an Initiative), 이니셔티브를 따르기(Following an Initiative), 이니셔티브를 명명하기(Naming an Initiative), 좋은 표정(Good Face)과 좋은 목소리 톤(Good Tone) 등이 있다(이유미 옮김, Hawellek, 2020). 이와 같은 요소를 상황에 맞게 적절하게 사용하여 건설적인 의사소통 및 상호작용으로 이어지도록 자신이 가진 능력 즉, 강점을 시각적으로 보여 주면서 활성화시키고 더 발전시키는 데 초점을 둔다.

마테 메오 기본 요소
- 이니셔티브를 따른다(Following an Initiative).
- 이니셔티브를 주의 깊게 기다린다(Attentive Waiting an Initiative).
- 좋은 표정을 짓는다(Good Face).
- 좋은 목소리 톤으로 말한다(Good Tone).
- 이니셔티브를 명명한다(Naming an Initiative).

대부분의 사람들과 그 가족들은 그들의 문제를 해결하고 자신의 성장발달 과정을 촉진할 수 있는 잠재력을 가지고 있다. 마테 메오 맞춤형 개발 과정을 시작하기 위해 개인의 자연스러운 일상 상황을 카메라로 촬영한 짧은 영상 클립이 필요하다. 비디오 상호작용 분석으로 상호작용의 순간에 나타나는 행동과 반응을 1초 미만 단위로 영상 장면을 재생, 정지하면서 미세하게 분석한다. 이와 같은 방식은 개인의 현재 상태를 파악하고 평가할 수 있다. 긍정적 의사소통의 요소 즉, 마테 메오 요소가 많이 나타날수록 강점을 더욱 가시화할 수 있다.

5) 마테 메오 성장발달 지원 프로그램

마테 메오는 개인의 성장발달을 지원하고 일상생활에서 사람들 사이의 의사소통 및 상호작용 능력을 촉진시키며 그 개발에 필요한 실용적인 정보를 다룬다. 사람들의 일상생활 속 상호작용을 촬영하고 미세하게 분석하며 아주 기본적인 소통 기술을 관찰한다. 그들의 발전 과정을 촉진하거나 잠재적인 자원을 일깨우기 위해서 소통의 아주 작은 기본적인 요소에 주의를 기울인다. 또한 '영상의 힘'으로 내재된 긍정성을 일깨우고 잠재된 가능성을 발견하며 현재 개발된 리소스를 최대한 활용하여 의사소통 및 상호작용 능력을 향상시키는 데 활용한다. 이에 상호작용의 성공적인 순간의 구조와 발달지향적 대화, 지지적 행동에 대해 구체적인 내용을 다룬다.

 마테 메오는 원래 임상현장에 실천하는 종사자들을 위해 개발되었다. 유아교육 및 가정에서 양육 기능의 전부 또는 일부를 담당하는 부모와 상담사, 교사, 의료 및 복지 분야 종사자, 심리학자, 사회복지사, 가족치료사, 상담 및 심리치료 분야의 전문가들이 부모들에게 상담 및 조언을 제공하는 것에서 시작되었다. 최근에는 여러 다양한 분야에서 응용되고 있으며 마테 메오 방법은 신경생물학, 학습 및 성장발달 분야에서 바라는 효과를 빠르게 나타낸다. 특히 사람들의 번아웃(Burn Out)을 방지 하는 데 도움이 된다(Niklaus Loosli. T. & Berther. C., 2015).

② 마테 메오의 특징

1) 영상과 강점 기반

오늘날 상담치료 및 교육현장에서 영상 매체를 적절하게 활용하면 교육적인 효과를 높일 수 있다. 영상을 시청하고 이야기 나눌 수 있으며 상호작용으로 연결 지어 나갈 수 있다. 또한 다양한 정보를 얻을 수 있다. 단순 영상 재생 또는 과의존 하지 않도록 주의하고 바람직하게 사용해야 한다. 특히 비디오의 사용은 많은 치료 모델에서 내담자에 대해 이야기할 수 있을 뿐만 아니라 치료 관계와 그 측면을 매우 직접적으로 관찰하는 것을 가능하게 했다(Schlippe. A. v. & Schweitzer. J., 1996: Hawellek. C. & Schlippe. A. v., 2005). 첫 번째로 촬영한 영상 클립을 비디오 상호작용 분석(Video Interaction Analysis)법을 사용하여 내담자의 강점에 기반한 해결중심적 관점에서 체계적으로 관찰하고 분석하여 상호작용에 대한 미세한 신호(Micro Signal)를 읽을 수 있다. 첫 번째 영상 클립은, 강점에 기반한 영상 이미지 상담에 관한 세부적인 계획을 세우고 상담목표를 설정하는 일의 기초 자료가 된다. 상담목표에 적합한 영상 장면 또는 영상 컷을 내담자에게 제시하기 위하여 신중하게 분석하여 엄선된 장면을 선택한다. 이미 내담자가 할 수 있는 것, 다음 발달 단계와 이를 지원하기 위해 내담자가 본래 가진 자원과 강점을 찾는다.

2) 비디오 상호작용 분석법과 리뷰 상담

리뷰(Review)란 마테 메오 요소를 사용한 짧은 영상 클립에 기반해서 내담자에게 상담 및 조언을 제공하는 방법이다. 여러 다양한 전문 분야에 책임이 있는 종사자와 그 대상자, 내담자와 가족 등 직간접적 영향을 받는 다양한 사람들에게 리뷰를 제공할 수 있다. 마테 메오 전문가는 내담자가 호소하는 문제점과 어려움을 비디오 상호작용 분석(Video Interaction Analysis)을 통해 그들이 원하는 것을 주목하고 활성화시키기 위해 잠재된 긍정적인 가능성에 연결한다. 분석을 위해 다양한 체크리스트를 사용할 수 있다. 대표적으로 마리아 아츠의 '마테 메오 핸드북(Marte Meo Handbook)'[2]을

---

2) Aarts. M. (2016). Marte Meo Handbuch. Aarts Productions, Eindhoven, Niederlande.

참고할 수 있다.

리뷰에 기반한 마테 메오 상담은 언제(When), 무엇을(What), 왜(Why)라는 3W 상담 시스템적 접근법(제4장 '마테 메오 상담')으로 내담자가 알고 싶어하는 내용을 다루고 이에 필요한 상담 및 조언을 제공한다. 이때 상담자는 성찰적 대화를 자극하고자 노력하고 영상 이미지에 기반한 상호 대화에 중요한 영향을 미친다. 상담자는 상담 진행하는 동안 상호작용의 발달 지원 요소를 사용하여 내담자를 대하도록 한다. 내담자의 이니셔티브를 주의 깊게 따르고 기다린다. 즉, 내담자의 의견과 입장을 주의 깊게 존중하고 따르며 적극적으로 경청하는 것이다. 후속적으로 촬영하는 영상 클립은 3W에 따른 개입방법이 유용한지, 얼마나 정확하게 유용한지, 그리고 그것이 관련된 모든 사람들에게 어떻게 유용한지 확인하는 데 사용된다. 이와 같이 개입된 방법에 대한 평가에 사용되기도 한다.

첫 번째 영상 촬영에 이어 일상적인 상황을 계속 짧게 촬영한다. 이것은 내담자가 어려운 상황에 놓이고, 특별한 도움이 필요하고 긍정적 해결책을 찾고자 할 때 가능한 한 일상생활의 상호작용을 촬영하도록 한다. 약 2분 정도도 충분하다. '문제행동 뒤에 숨겨진 메시지'도 알아차리기에 충분하다. 자신이 해결책을 찾고자 하는 긍정적 모습에서 무언가 배울 수 있다. 즉, 자기 자신을 학습할 수 있다. 마테 메오 전문가가 내담자의 '잘 발달된 또는 잘 작동하는' 지지적 의사소통 지원 행동을 내담자 자신에게 보여 주기 때문이다.

마테 메오 요소는 많은 사람들이 도움을 필요로 하는 대상들에게 이미 자연스럽게 직관적으로 많이 사용하고 있다. 그 요소는 아동 청소년, 성인, 취약한 대상 즉, 자폐 장애, 주의력 결핍 및 과잉행동장애(ADHD), 대인관계 장애, 학습장애 외에도 장애인이나 중병을 앓고 있는 환자에게도 좀 더 의식적으로 사용할 수 있다(Niklaus Loosli. T. & Berther. C., 2015). 더 의식적으로 사용할 수 있도록 비디오 상호작용 분석법과 리뷰 상담을 진행한다.

3) 영상 이미지의 힘

영상 이미지에 기반한 마테 메오 기법은 성장발달에 필요한 역량을 강화하기 위해 내담자의 욕구에 중심을 둔다. 전문가는 내담자의 욕구를 더 잘 이해하기 위해서 자신의 전문성을 함양해야 한다(Aarts. M., 2005). 내담자의 역량을 강화하기 위해 영상 이미지를 사용할 경우 다음 사항에 유의해야 한다.

- 짧은 영상 촬영
- 영상 상호작용 분석법 사용
- 베스트 영상 장면 또는 영상 컷 추출
- 내담자, 부모 및 보호자, 종사자에게 제시

이 사항에 중점을 두고 내담자 자신이 취하는 적절한 행동을 볼 수 있도록 돕는다. 상담목표에 적합하게 엄선된 영상 장면 및 영상 컷은 다음과 같은 사항을 촉진할 수 있다.

- 단계별 미세분석으로 평상시에 알아차리지 못한 것을 발견할 수 있다.
- 일상적인 상호작용 순간에 대해 매우 정확하게 관찰할 수 있다.
- 일상 속 자기 및 상대방의 행동과 반응을 시청각적으로 경험하고 반영할 수 있다.
- 상호작용 모습에 대해 메타 관점을 가질 수 있다.
- 비디오 상호작용 분석법은 문제행동 배경에 드러나지 않는 메시지를 분석할 수 있다.

만일, 마테 메오적 관점에서 아동의 공격적인 행동을 관찰해 보면 연결점이 있는가? 속도가 적절한가? 즉, 그가 현재 일어나는 일에 대해 이해하기 위해서 협력할 준비가 되었는가를 확인해 볼 수 있다. 내담자는 아이를 '주의 깊게 기다려 주었는가? 적극적 기다림으로 충분한 시간을 주었는가 등에 대해서 발견할 수 있다. 영상 이미지를 단계별로 미세 분석함으로써 내담자로 하여금 언제 아이가 도움을 필요로 하는지, 그가 무엇을 스스로 할 수 있는지, 어떤 이유로 아이에게 도움을 주어야 하는지 등 아이를 대하는 소통 방법 등에 필요한 도움을 제공할 수 있다. 짧고 명확한 영상 이미지를 사용한다. 영상 이미지에 기반한 상담은 리뷰 상담이라고 부른다. 개인 상담 및 코칭 시 이와 같은 방법을 사용한다. 그림, 이미지, 영상은 종사자(상담자)가 대상자(내담자)의 신호를 알아차리고 그에 따른 구체적 대처방법 제시와 그 성과를 시각적으로 제공할 수 있도록 해

준다. 대상자 또한 다른 사람들과 상호작용 시 자신을 관찰하고 의사소통의 긍정적 변화를 실생활에 적용할 수 있다. 이에 영상 이미지의 힘을 사용한다.

4) 영상 이미지에 기반한 관찰의 힘

자신이 기억하는 의사소통 방법을 분석하는 것은 어려운 일이다. 다른 사람들과 일어났던 일의 대부분은 볼 수도 없고 정확하게 인식하기가 쉽지 않다. 이에 자신에 대한 영상을 관찰하는 것은 유익해 보인다. 특히 며칠 지난 후 적당한 거리감을 두고 객관적으로 볼 수 있다. 이럴 경우 매우 작지만 긍정적 의사소통 기술을 발견할 수 있다. 이때 주로 느낀 생각과 감정을 잘 기억할 수 있다. 자신의 영상을 단순 시청할 경우 대부분의 사람들은 부정적인 것을 먼저 찾는 경향이 있다. 문제점을 찾도록 자연스럽게 학습되어 있기 때문이다. 현재 '잘 작동하는 것'과 아주 적지만 '성공한 것'을 발견한다. 영상 이미지에 기반한 자기 관찰은 다양한 효과를 가져올 수 있다(Bünder. P. 외 공저, 2015).

현재 관점 중심의 관찰이 가능하다
- 시간이 경과한 과거의 지나쳐 버린 순간에 대해 현재의 관점에서 미시적인 시각으로 보도록 돕는다.

관점의 변화를 촉진한다
- 자신의 행동과 상대방과의 상호작용에 대해 제3자적 관점에서 볼 수 있도록 돕는다.

정보를 새롭게 획득한다
- 미시적 관찰로 사실적 및 정서적으로 새로운 정보를 획득하도록 돕는다.

정서적 참여를 활성화한다
- 영상 이미지는 강렬한 정서적 참여와 동기를 활성화하도록 돕는다.

자신감을 강화한다
- 긍정적 영상 이미지의 피드백은 자기효능감을 증진하도록 돕는다.

자아상을 변화시킨다
- 자신의 내부와 외부 세계에 비치는 모습을 비춰 자아상이 변화하도록 돕는다.

자신을 모델링하고 학습한다
- 자기 모델링 학습으로 자기를 직면하고, 긍정적으로 변화하도록 돕는다.

재귀인하도록 돕는다
- 관찰된 행동에 대한 인과적 속성과 자기 개념이 변화하도록 돕는다.

새로운 학습을 돕는다
- 새로운 관점의 변화는 새로운 학습 과정을 촉진하도록 돕는다.

이 사항은 사례에 가장 적합한 영상 이미지와 리뷰 상담이 결합될 때 가능하다. 영상 이미지에 기반한 리뷰 상담은 첫째, 목표에 적절한 영상 이미지, 둘째, 비디오 상호작용 분석, 셋째, 3W 상담 시스템에 근거한 접근법을 통해 상담 및 조언하는 방법이다. 일상생활 중심 기반으로 긍정적 리소스를 개발하고 더 의식적으로 발전시킬 수 있다. 이것이 큰 장점이다. 마테 메오가 다루는 것은 1초보다 짧은 순간이다. 중요한 상호작용이 일어나는 찰나 같은 순간을 미세하게 단계별로 분석하고 또한 개인의 긍정적 자원을 적극 개발하며 의사소통의 기본 요소를 향상하기 위해 능력을 강화시키는 연습과 훈련이 필요하다.

5) 영상 이미지를 통한 긍정적 자아상

자연적 성장발달 모델을 기본으로 한다.

마테 메오 기본 요소는 개인의 자연적 성장발달을 모델로 한다. 성장발달을 촉진할 수 있도록 실제 작은 단계에 대한 구체적이고 필요한 정보를 정확하게 제공한다. 보이는 '이미지의 힘(Power of Image)'으로 사람들의 전반적인 삶의 질을 향상시키는 데 도움을 주며 그들의 성장과 발전을 촉진시킬 수 있다는 것은 매우 특별한 사실이다(Aarts. M. & Rausch. H., 2009).

'문제행동에 숨겨진 발달 메시지'를 파악한다.

우리가 삶에서 만나는 문제는 종종 성장과 발전의 기회이기도 하다. 마테 메오는 우리가 살아가는 삶에서 일어나는 여러 가지 문제를 사라지게 하는 것이 아니라 마테 메오의 도움으로 문제 속에 감춰진 메시지를 읽고자 하는 것이다. 따라서 아동 및 청소년, 부모 또는 다른 사람들이 문제에 직면했을 때 문제를 해결하지 않은 채 내버려 두는 것이 결코 아니다. 내버려 두는 것은 개인으로부터 자신의 성장을 더 발전시키고 문제를 다루는 방법을 배울 기회를 빼앗는 것과 마찬가지다. 마테 메오 매거진(Marte Meo Magazine)에 실린 '컬링 부모(Curling Parents)'[3] 칼럼을 참조하기 바란다.[4] 추가적으로 필요한 기술 개발 및 문제 해결하는 데 도움이 될 것이다.

6) 영상 이미지에 기반한 상호작용 분석 접근

마리아 아츠(Maria Aarts)는 비디오 영상을 상담에 활용되는 '도구'라고 하였다(Aarts. M., 2009). 일상생활 속에서 자연스럽게 성

---

[3] 컬링 부모(Curling Parents)란 아이 앞에 놓인 장해물은 모조리 치워 주는 부모를 말한다. 컬링 스포츠에서 스톤이 얼음판 위를 미끄러트려 목표에 최대한 빨리 도달하고자 스톤이 굴러 가는 길에 앞서서 모든 장애물을 제거하기 위해 얼음 표면을 닦는 것에 대한 비유이다. 북유럽, 스칸디나비아 지역에서는 컬링맘이라고 부르는데 우리나라에서 부르는 헬리콥터맘과 유사한 의미. 자녀의 문제가 해결되는 것이 아니라 자녀 스스로 자신의 일상적 문제를 다룰 수 있는 기회를 잃게 되는 것이다.

[4] Aarts. M. (2008). "Curling Parents" Column. Marte Meo Magazine 2008.2., Vol.39. Column

장발전을 촉진하는 부모의 양육 태도와 상호작용을 미세하게 분석하는 데 사용한다. 그 영상은 부모에게 일상 속 자신의 '리얼'한 모습에 대해 자세한 인상을 전달하고 어떤 능력이 있는지를 보여 준다. 부모와 자녀가 원하는 욕구를 분명하게 보여 준다. 상담사는 부모에게 성공적인 상호작용 영상을 단계별로 보여 준다. 이 때 영상은 자신이 이루어 낸 발전 과정의 성과를 인식시키는 데 도움이 된다. 또한 부모의 목표를 성취하고자 하는 동기를 유지하는 데도 도움이 될 수 있다.

비디오 상호작용 분석은 내담자가 '자신의 힘(on one's own Strengh)'으로 문제를 해결해 나가는 데 도움을 주는 효과적인 접근 수단이 된다. 다음과 같이 다양한 효과를 가져올 수 있다.

- 상담목표 방향 설정을 위한 관찰적 진단 도구로 영상을 사용한다.
- 상호작용 분석 시 일상적인 상황에서 아이를 위한 부모의 자연스러운 발달지원 행동에 대해 자세한 정보를 얻을 수 있다.
- 미시적 관점으로 일상적인 상호작용을 단계별로 관찰할 수 있으며 개인의 의사소통 방법에 대한 자세한 내용과 상대방의 요구사항에 숨겨진 메시지를 파악할 수 있다.
- 영상 상호작용 분석은 내담자에게 필요한 구체적인 정보를 전달하는 방법으로 사용된다(Aarts. M. 2009).
- 영상 이미지는 내담자에게 자신의 일상적인 현실에 대한 자세한 인상을 가지도록 돕는다. 지원이 필요한 많은 사람들은 간혹 일상의 자연스러운 리듬을 잃을 때가 있다. 문제가 증가할수록 그들은 점점 더 용기를 잃는다. 영상은 자신의 현재 자원과 강점을 가시화해준다.
- 영상 이미지는 아동 및 내담자에 관한 개별적인 욕구가 분명히 나타

나도록 돕는다.
- 영상 이미지는 내담자의 특성에 맞는 지원 방법을 제시할 수 있도록 돕는다.
- 영상 이미지는 변화에 필요한 구체적인 방법을 단계별로 전달 할 수 있도록 기회를 제공한다.
- 영상 이미지를 활용한 성공적 상호작용 경험은 내담자로 하여금 성취감을 느낄 수 있도록 돕는다.

7) 마테 메오와 통합적 접근

마테 메오는 사람들의 성장발전 과정을 촉진하고 지원할 수 있도록 그들에게 구현할 수 있는 실용적인 정보를 전달하기 위해 개발되었다. 두 가지 이상의 심리치료적 접근법을 사용하여 내담자에게 도움을 주고자 할 때 마테 메오와 통합하여 제공할 수 있다. 마테 메오적 접근법으로 전체 상담회기를 진행할 수 있고 특정한 기관이나 전문적인 임상 현장에 따라서는 다른 형태의 상담치료와 교육 또는 프로그램과 결합하거나 연결시켜야 할 필요가 있다. 해당 영역에 대한 심리학적 전문 지식을 갖추어야 한다. 이때 마테 메오를 보완적 형태로 절충하거나 병행해서 접근할 때 효과적이다. 현재 발달과정 상의 위기나 특수한 위기상황에 처한 내담자의 경우 가장 우선시해야 하는 것은 어려운 위기상황에 대한 전문적이고 직접적인 도움을 통해 즉각적으로 안정화시키는 것이다. 현재의 위기에 잘 대처함으로써 단기적으로는 위급한 문제를 해결하는 것이지만 장기적으로는 개인의 강점과 잠재능력을 개발하고 삶의 질을 향상시키기 위해 긍정적인 성장에 주목할 수 있도록 마테 메오를 적용할 수 있다. 학교폭력 위기상담의 경우, 내담자의 심리적 안정과 보호, 당면한 문제해결뿐만 아니라 마테 메오적 접근으로 내담자의 강점 발견과 자신감을 회복하고 폭력 피해 재발을 방지할 수 있도록 지원할 수 있다. 물론 마테 메오뿐만 아니라 학교폭력에 관련된 전문 지식을 갖추고 있어야 한다. 이 외 여러 다양한 분야에서의 적용사례 또한 마테 메오 매거진[5]에서 찾아볼 수 있다.

변화에 대한 내적 동기가 낮고 자기 자신에 대한 자각이 낮으며 자발적인 변화를 어려워하는 사람들이 있다. 일례로 앞으로 성장 발전해 나가는 데 관심이 없는 부모나 스스로 목표를 달성하기까지 동기 부여하여 지속시키기가 어려운 사람들도 이에 해당된다. 과거에는 그들이 필요로 하는 이해하기 쉽고 도움이 되는 방법을 제공하기에 제한이 있었기 때문에 도움을 제공하고 싶어도 더 이상 다가가기도 쉽지 않았다. 그럼에도 불구하고 아일랜드 더블린(Dublin)에서 사회적 취약 가족을 대상으로 성공적으로 수행한 지역 사회 복지 프로젝트 사례가 있다. 아일랜드 사회복지사 피터 코플란(Peter Coughlan)과 리즈 도노호(Liz Donohoe)는 마테 메오 접근 방식을 통해 주로 문제와 어려움에 초점을 맞추는 문제중심적 접근에서

---

[5] www.martemeo.com

벗어나 그 가족들에게 매우 신선하고 건설적인 접근 방식을 제공했으며 특히, 비디오 상호작용 분석을 통해 가족들은 작은 개선사항 즉, 이전에는 육안으로 알아차리지 못했던 새로운 것을 볼 수 있었다고 하였다. 또한 가족과 동료들에게 아동 발달 이론에 대해 쉽게 설명할 수 있도록 활기를 불어넣어 주었으며, 그들에게 명확하고 실용적인 정보를 제공해 줄 수 있었다고 하였다. 이와 같은 방법은 취약 대상자 접근 시, 특히 자녀에게 전혀 관심이 없거나 작지만 긍정적인 면을 잘 발견하지 못하는 대상자들에게 좀 더 쉽게 접근할 수 있다. 다소 전문적이고 복잡한 용어로 하는 설명보다 시각적으로 볼 수 있는 것을 우선하여 다루기 때문이다. 더블린에서 진행한 사회적 취약 가족을 대상으로 한 성공적인 프로젝트에 대한 자세한 설명은 마테 메오 가이드(Marte Meo Guide)[6]에서 찾아볼 수 있다.

그다음으로 특별한 도움이 필요한 자녀를 둔 부모이다. 주의력결핍 과잉행동장애 또는 자폐아동 부모들을 위해서는 마테 메오와 더불어 전문적 개입과 지원이 필수적이다. 또한 양육 역량과 자질이 부족하거나 양육 태도가 미숙한 부모들을 위해서도 관련 부모교육을 같이 병행해야 한다. 마테 메오는 하나의 접근법만을 고집하지 않는다. 사례에 따라 여러 가지 다른 상담이론과 기법들을 사용하여 통합적 접근방식의 맞춤형 상담을 제공할 수 있다.

---

6) Aarts. M. (1996). Marte Meo Guide. Aarts Productions.

③

마테 메오의 발전 배경

마테 메오는 네덜란드인 마리아 아츠가 개발한 영상 이미지 관찰에 기반한 강점 발견 지원 방식의 상담교육 방법이다. 마테 메오라고 부르는 개념에서 비디오 상호작용 분석은 내담자가 '자신의 힘(on one's own Strengh)'으로 문제를 해결해 나가는 데 도움을 주는 효과적인 접근 수단이 된다.

네덜란드에서 처음 알려진 명칭은 '비디오 홈 트레이닝'이었다. 이 방법은 특정한 환경과 비디오 사용 방식, 양육 트레이닝의 측면에만 초점을 맞추었다. 마리아 아츠는 이러한 접근 방식을 확장하여 개발하였고 내담자의 성장발달에 도움을 주며 다양한 분야에서 이 방식을 적용할 수 있도록 확대 발전시켰다(Aarts. M., 1995). 1976년 마리아 아츠는 한 아이의 엄마로부터 "나는 이 아이의 엄마이고 이 아이는 제 아들입니다. 제가 비록 이 아이의 엄마지만 당신이 이 아이를 더 깊이 이해하고 서로 신뢰하는 것 같습니다. 제가 어떻게 하면 당신처럼 아이와 신뢰 관계를 잘 형성하고 잘 지낼 수 있을까요? 그 방법을 저에게 알려 주실 수 있나요? 저는 아이에게 줄 시간도 충분하고 잘 키우고 싶은 마음도 큽니다. 아이에 대한 사랑은 크지만 아이를 올바르게 교육시키는 방법에 대해서는 전혀 모릅니다"라는 이야기를 듣고 부모를 위한 양육방법을 개발 하는 데 영감을 받았다(Aarts. M. & Aarts. J., 2020). 무엇보다도 대부분의 전문가들이 알려 주는 추상적이고 복잡한 이론적 배경, 학술적 용어 및 임상기술적인 설명은 부모들에게 어렵고 문제지향적인 접근이라는 것을 알게 되었다(Aarts. M. & Aarts. J., 2020). 대부분의 부모들은 전문가들로부터 "자녀를 규범적으로 키워야 합니다", "자신감을 키워야 합니다"와 같은 조언을 많이 받는다. 이와 같은 조언은 매우 일반적이며 구체적이지 않고 모호하며 문제중심적이다. 이와 반면에 부모들은 "자녀와 상호작용할 때 어떻게 해야 합니까?"처럼 구체적인 질문으로 어떻게 하면 잘 키울 수 있는지에 대한 발달지향적인 정보와 방법에 대해 알고 싶어 한다. 그녀의 목표는 부모들이 아주 간단하게 이해할 수 있고 일상생활에 유용하게 사용할 수 있는 양육 기술을 개발하는 것이었다.

1978년 네덜란드 보건복지문화부의 지원으로 데이케어센터(Day Care Center)가 설립되고 그 대상들은 아동 시설 입원생활을 필요로 하는 정도의 아동들이었다. 이 센터에서 본격적으로 부모들의 역량을 강화시키는 계기를 가지게 되었다. 부처는 최소의 비용으로 최대의 효과를 거두는 데 만족스럽다고 하였다. 이 센터를 오리온 팀

(Orion Team)이라고 불렀다. 1978년 2월 마리아 아츠는 대표가 되어 6~12세의 심각한 발달장애 아동들을 대상으로 일하게 되었고 그 가족들과 많은 시간을 보내면서 새로운 부모 양육 기술을 개발해 나갔다. 부모들이 '자신의 힘(on one's own Strengh)'으로 자녀를 양육할 수 있도록 하는 데 목표를 두었다. 우선 부모를 교육하는 것을 최우선 과제로 두고 가정으로 직접 방문하여 그들과 협력하면서 심리치료, 특수교육 및 놀이치료 프로그램 등을 제공했다. 그 결과 장기적으로 효과가 검증되었고 아이들은 프로그램 종결 후에도 이전보다 사후관리가 덜 필요할 정도였다. 또한 시설 재입소 사례도 줄어들었다. 그러자 네델란드에서 유명해졌고 정부 부처는 접근 방식의 효과성과 전문성에 깊은 인상을 받고 타 치료센터에도 모범이 되도록 홍보하였다. 이후 보건복지문화부 관계자는 4년 동안 아이들을 격리 입원시키지 않고 그 가족들을 교육시킴으로써 이제는 같은 치료 비용 대비 더 많은 아동들을 도울 수 있게 되었다고 하였다. 그 결과를 인정하여 그녀를 국가청소년복지 혁신 팀의 위원으로 위촉하였다.

이후 가족들을 잘 관찰하기 위하여 비디오카메라를 활용하고 상호작용을 분석하였다. 부모들에게 효과적으로 전달할 수 있는 방법을 개발하여 그들에게 제공하였다. 1985년 네델란드 보건복지문화부는 5개의 지역에서 시범 프로젝트를 해 달라고 요청하였고 '오리온 홈 트레이닝'은 정부로부터 공식적으로 인정받게 되었다. 1987년부터는 이스라엘에서도 '비디오 홈 트레이닝' 모델이 소개되었고 적용하고 발전시켜 나갔다. 마리아 아츠는 '오리온 홈 트레이닝 프로그램'을 개발하기 위해 수년간 해리 비만(Harrie Biemans)과 협력했다. 기법 개발에 의견이 달라 각자의 길을 가게 되었다(Aarts. M. & Aarts. J., 2020). '오리온 홈 트레이닝(Orion Home Training)' 모델을 확대하여 이후 네덜란드에서는 '비디오 홈 트레이닝(Video Home Training)'이라고 불리게 되었다. 마리아 아츠는 수년간 일상생활에서 적용 가능한 '성장발달 개별 맞춤형 지원 방법'에 중점을 두고 독립적으로 자신만의 마테 메오 모델을 개발해 나갔다. 그것은 일상생활 속에서 가장 자연스럽게 개인의 강점에 기반하여 성장발달 과정을 촉진시키고 아주 작은 진전이나 호전도 인식할 수 있는 데 도움이 되는 매우 구체적이고 정교한 기법 개발이었다. 1987년 마리아 아츠는 마테 메오의 개념을 정립하고 1990년 마테 메오 인터내셔널을 설립하여 오늘에까지 이르고 있다. 마테(Marte)는 화성(Mars)에 어원을 두고 '힘'을 뜻한다. 메오(Meo)는 메우스(Meus)에 어원을 두고 '나의(My)'를 뜻한다. 즉 '자신의 힘'을 사용한다는 뜻이다.

제 2 장

마테 메오 모델과 기본 요소

　제2장에서는 마테 메오 기본 요소와 기법에 대해 다루었다. 마테 메오는 사람들 간의 가장 '자연스러운 성공적 의사소통'과 부모와 자녀 간의 '발달을 촉진하는 자연스러운 대화'에 두고 있다. 대표적인 마테 메오 개념으로는 '이니셔티브(Initiative)'를 들 수 있다. 이니셔티브란 사람들의 자발적 또는 주도적 행동, 생각, 감정뿐만 아니라 말과 같은 언어적 비언어적 표현을 포함한다. 자신 및 타인의 이니셔티브를 알아차리고 파악하고 이해하는 것은 매우 중요한 일이다. 이를 위해 '주의 깊게 관심을 두고 자신 및 상대방의 이니셔티브를 따라가고 관찰'해야 한다. 이를 통해 비로소 '보이는 것(Seeing)'을 '신뢰할 수 있다(Believing)'. 주요 기법으로는 '주의 깊게 기다리는 것(Attentive Waiting)', '이니셔티브를 따르는 것(Following an Initiative)', '이니셔티브를 명명하는 것(Naming an Initiative)'과 '좋은 표정과 목소리 톤(Good Face & Tone)' 등을 들 수 있다.

＜1＞

발달지향적 대화 모델

 모델이란 복잡한 사건을 정리하고 단순화된 방식으로 묘사하려는 시도다. 사회 과학 및 심리학 분야에서 '이론'과 동의어로 자주 사용되는 용어다. 정확한 언어로 공식화된 이론을 모델이라고 부른다. 발달심리학의 관점에서, 마테 메오는 아동과 그 사회적 환경 간의 지속적이고 역동적인 상호작용의 결과로서 발달을 이해하는 모델을 기반으로 한다. 아이와 그의 주된 보호자는 그들의 상호작용을 적극적이고 점점 더 목표지향적인 방식으로 형성한다(Bünder. P. 외 공저, 2015, p.25). 마테 메오 모델의 기본 가정은 부모와 자녀 간의 '발달을 촉진하는 자연스러운 대화'에 두고 있다. '발달을 촉진하는 자연스러운 대화'는 1996년 노르웨이의 저자 할도르 외브라이데(Haldor Øvreeide)와 라이둔 합스타(Reidun Hafstad)가 최초로 사용한 용어다(Hawellek. C. & Meyer zu Gellenbeck. K., 2005). 이러한 맥락에서 '대화'는 메타적 용어로 연령과 발달 단계에 따라 비언어적(nonverbal), 원형적 언어(protoverbal) 및 언어적(verbal) 요소를 모두 포함한다(Bünder. P. & Sirringhaus-Bünder. A., 2015).

'발달지향적 대화'의 개념은 현대 유아 연구, 애착 연구 및 인간윤리학에서 얻은 연구 결과를 토대로 한다(Dornes, 1995; Papoušek, 2001; Stern, 2010; Trevarthen, 1979). 이 연구들의 기본 지식은 인간은 접촉과 관계에 대한 기본적인 욕구를 가지고 태어났고, '발달을 촉진하는 자연스러운 대화'를 할 수 있는 직관적인 양육 태도가 대부분의 부모들에게 잠재되어 있으며 그 행동은 직관적이고 자동적으로 실행된다는 것이다. 그것은 아이가 보내는 신호에 대한 민감성을 포함하며, 아이의 표현에 자발적이고 적절하게 반응하고 즉시 이해할 수 있는 일반적이고 자연스러운 능력을 의미한다. '발달을 촉진하는 대화'를 가능하게 하는 의사소통 요소는 부모와 자녀 간의 상호작용에서 볼 수 있으며 필요한 경우 연습하고 배울 수 있다.

마리아 아츠는 여러 가족들과 함께 한 작업에서 아기를 둔 부모에 대한 초기 관찰에서 직관적으로 사용하는 성공적 의사소통 5가지 기본 요소와 2개의 메타적 요소를 구분했다. 이는 생애 초기의 성공적 의사소통의 기초일 뿐만 아니라 마테 메오 방법, 특히 상호보완적인 관계에서도 성공적 의사소통의 기초가 된다(Bünder. P. 외 공저, 2015). 그녀는 매우 실천지향적으로 마테 메오에 대한 이론적인 개념 정리를 직접 하지 않았다. '발달을 촉진하는 대화'를 가능하게 하는 의사소통 요소의 대부분은 독일어권 국가의 뷘더 외 공저(Bünder. P. 외 공저, 2015), 시링한스 뷘더(Sirringhans-Bünder. A., 2001), 이자거 & 베커(Isager. M. & Becker. U., 2010), 켈러뮐러(Kellermüller. C., 2010)에 의해 정리되었다. 또한 쉐퍼 & 쾨니히(Schepers. G. & König. C., 2000)도 '성공적인 상호작용의 원칙'을 통해 5가지의 의사소통 요소(Schepers. G. & König. C., 2000)를 설명하였다. 의사소통이란 여러 가지 요소들이 종합적으로 작용하는 과정이다. 영상 이미지 재생 중에 기본 요소를 각각 하나씩 제시하고 그 효과를 다루는 것은 성공적인 의사소통 기본 요소를 쉽게 발견하고 더 자세히 관찰하기 위한 방법이다. 좀 더 분명하게 하기 위해 각 기본 요소가 뚜렷하게 나타나는 영상 이미지를 구분해서 사용한다. 실제로 보면 각 기본 요소 간의 경계가 분명하지 않은 경우가 많다.

성공적 의사소통 5가지 요소 중 첫 번째는 이니셔티브 인식, 두 번째는 이니셔티브에 확인과 인정, 세 번째는 자기 및 타인의 이니셔티브 명명, 네 번째는 상호순환적 대화, 다섯 번째는 긍정적 리드하기이다. 자세한 것은 제2장 '7. 마테 메오 기본 요소와 기법'에서 살펴보겠다.

②

메타적 요소, 적절한 목소리, 톤과 건설적 대화법 모델
- 표정 등 비언어적 커뮤니케이션

성공적 의사소통 5가지 요소에 '적절한 목소리 톤'과 '건설적인 대화 기법' 두 가지의 메타(Meta) 요소를 추가시켰다(Bünder. P. 외 공저, 2015). 마리아 아츠는 상황에 따라 '적절한 목소리 톤'을 '좋은 목소리 톤(Good Tone)' 또는 '좋은 어조'라고 부른다. 즉, 듣기 좋은 편안한 어조인 셈이다. 부드러운 목소리 톤은 편안한 분위기를 조성한다. '적절한 목소리 톤'은 의사소통 방식의 기본이다. 목소리 톤만 바꿔도 대화 분위기는 크게 달라진다. 말하기 방식이나 목소리 톤에 따라 감정을 전달받고 상태를 파악할 수 있다. 자신의 목소리가 어떻게 들리는지 탐색해 볼 필요가 있다. 예를 들어 부모가 자녀와 소통할 때 편안하고 차분한 목소리와 말투를 사용한다면 자녀에게 안정감을 주며 전달할 메시지가 명확하고 뚜렷해질 수 있다. 말하기 리듬, 음량 및 음조를 포함한 언어 설계의 변조를 통해 아이에게 긍정적이면서 다양한 언어적·비언어적 표현을 풍부하게 전달할 수 있다.

건설적인 대화 기법으로는 '예스 시리즈'가 포함된다(Schepers. G. & König. C., 2000). '예스 시리즈(Yes-Series)'는 사람들 간의 의사소통 시 서로 긍정적 이니셔티브를 교환하는 것을 의미한다. 상대방에게 주의를 기울임으로써 상호 교대로 주고받는 협력적 대화를 촉진할 수 있다. 언어적 표현 외에도 예스 시리즈에는 메타적 요소, 적절한 어조, 친근한 눈 맞춤을 빈번히 하기, 대면하는 신체적 언어(태도, 제스처) 및 개방적이고 친근한 표정도 포함된다(Bünder. P. 외 공저, 2015). 특히 표정은 대화의 첫인상을 좌우한다. 자신의 표정과 신체 언어를 통한 미러링(Mirroring)이 필요한 이유다. 우리가 대화하는 모습을 거울로 본다면 어떨까? 미러링을 통해 자신 및 상대방의 행동과 반응을 살펴보고 파악할 수 있다. 뇌에 있는 거울뉴런(Mirror Neuron)이 상대방의 행동을 해독하고 응답하고 동화하고 모방하여 상대방이 느끼는 감정을 자신도 느끼게 되는 것을 미러링이라고 한다. 이처럼 영상을 통한 미러링은 자신을 상대방으로 잠시 인식하고 그 행동을 해독하고 응답하고 이해할 수 있다. 따라서 자신의 반응도 살펴보고 파악하면서 상대방을 충분히 이해하는 데 도움이 된다. 특히 목소리, 톤, 말투와 표정은 미러링하기에 용이하다. 사실 커뮤니케이션 중 93%가량이 비언어적 표현으로 구성되어 있다. 일부 연구에 따르면, 언어적 측면(7%)

과 음성적 측면(38%), 시각적 측면(55%)에 의존하고 있다고 한다. 그중 표정, 태도, 몸짓은 가장 대표적인 시각적 커뮤니케이션 요소다. 사람들 간의 의사소통에 직접적으로 영향을 미친다. 청각적 커뮤니케이션의 대표적인 요소는 목소리, 억양, 속도, 크기, 뉘앙스 등이 있다. 마테 메오는 이와 같은 비언어적 커뮤니케이션이 미치는 영향에 대해 주의 깊게 관찰할 수 있도록 돕는다. 이에 자신의 행동을 관찰하고 어떤 태도가 그 원인이 되었는지 결론에 도달할 수 있으며 긍정적 행동 변화가 일어나도록 자기 인식 또는 자기 이해를 높인다.

③

상호작용 관찰에
기반한 이야기 모델

　일반적으로 부모 자녀 간 상호작용에 대한 순간들의 이미지는 시간이 지났을 때 기억의 의미로 표현된다. 그 순간에 관해서 아는 사람들에게 의미 있는 기억으로 회상되고 이야기할 수 있다. 의미기억화된 이미지는 그 유사성에 따라 그룹화되며 추가적인 상호작용 경험의 과정에서 소위 스키마(Schema)가 형성된다(Stern, 1998; Bauer, 2009; Hawellek, 2012). 어떤 상황마다 이렇게 형성된 스키마로 인해 나름의 패턴으로 반응하게 된다. 예를 들어 엄마와 함께한 놀이 시간, 할머니와 함께한 식사 시간 등 상호작용 경험은 의미기억화된다. 즐겁고 행복한 의미 기억이 될 수도 있고 반대일 수도 있다. 어떤 방식의 내면화를 거쳤느냐에 달려 있다. 영상 이미지에 기반 하여 특정한 상호작용 순간을 관찰하면 의미 있는 이미지로 기억될 수 있다. 또한 이미 오랫동안 사람들과 형성된 관계에 대한 스키마에 영향을 미칠 수 있다.

스턴(Stern. D., 2011)은 인간 경험의 조직화를 위한 개념으로 '활력의 형태(Ausdrucksformen der Vitalität)'를 소개하는 그의 저서에서 내면화 과정이 정확히 어떻게 발생하는지 질문하고 결론에 도달한다. 오히려 우리가 동일시하는 대상의 '활력 형태' 즉, 특정한 행동, 감정, 태도 및 반응뿐만 아니라 그것이 우리에게 불러일으키는 감정에 대해 반응하는 방식과 이에 관련된 모든 활력 형태까지 내재화된다. 이러한 형태의 활력은 내면화되고 그것과 자신을 동일시하게 된다. 우리가 받아들이는 것은 친밀하고 지역적인 수준에서 경험한 것이다. 내면화된 것은 '객체(Object)'가 아니라 이러한 '상호작용의 경험'이다(Stern. D., 2011; Hawellek. C., 2012). 부모와 같은 중요한 상호작용 파트너의 '활력 형태'로부터 반복적인 상호작용 과정에서 안정적인 기대 심리가 점진적으로 형성되고 그 후 각 애착 대상자에게 자신의 일반화된 '내적 작동 모델(Internal Working Modell)'이 형성된다(Bowlby, 1975; Bauer, 2009; Hawellek, 2012). 예를 들어, 부모와 성장 과정 중에 형성된 '부모상(Image)'은 유사한 관계적 맥락에서 다시 부활한다. 이러한 내적 작동 모델은 이전에 형성된 대인관계 패턴을 통해 상황 적응과 현재 대인관계에도 영향을 미친다.

상담 시간에 내담자는 자신의 상황이나 다른 사람에 대해서 이야기하자마자 자신만의 내러티브 모델(Narrative Model)이 형성된다. 자신과 관련한 사건에 대해서 이야기할 때 이야기하는 내용 자체가 다양한 방식으로 바뀔 수 있으며 심지어 경험한 것을 다르게 의미해석할 수 있다. '말하기 치료법(Talking Cure)'으로서 심리치료가 변화의 잠재력을 이끌어 내는 것은 이러한 차이 때문일 것이다. 이러한 방식의 '상담적 대화(Counsultative Dialogue)'는 문제를 일으키는 원인과 의미 할당을 보다 유연하게 변화하는 데 사용된다. 상담적 대화는 개발지향적이고 지속 가능한 내러티브를 구축하는 것을 목표로 한다(Hawellek. C., 2012). 내러티브를 통해 내담자 삶의 문제를 다루며, 다른 사람들과 서로 관계 맺고 있는 맥락, 교류, 행위의 의도와 해석 등을 구체적이고 상세하게 묘사하며 상황과 맥락을 이해하고 의미를 파악할 수 있다. 또한 각각의 개별적인 사건에 재의미를 부여할 수 있다. 영상 이미지에 기반한 자기 상황에 대한 이야기는 내담자로 하여금 자신의 문제를 다루는 방법, 다른 사람들과 관계 맺고 있는 맥락 등에 대해 어렵지 않게 묘사하면서 상호작용에 대한 기억을 되살리고 특정한 영상 장면을 통해 재경험하고 재해석할 수 있도록 돕는다.

④ 자기 관찰 중심 상담 모델

 관찰에 기반한 상담의 시작점은 일반적으로 내담자, 부모 또는 보호자의 주요 관심사와 호소가 무엇인가에 달렸다. 내담자가 어려움이 있을 때 모든 에너지는 그 문제를 해결하고 지원하기 위한 과정을 시작하고 수행하는 데 집중적으로 사용된다. 사례개념화 작업 및 상담 과정은 변화에 대한 내담자의 소망과 이에 필요한 성장과 발전을 촉진하는 기회를 적절하게 연결시킬 수 있다(Aarts. M. & Schwing. R., 2009; Hawellek. C., 2012).
 인테이크는 상담 의뢰 사유, 주요 호소, 상담 신청 방법에 관한 진행 사항을 안내하고 설명한다. 일반적인 상담 과정 설명 외에 영상 녹화물 관리에 관해 추가적으로 설명한다. 일반 상담과 달리 영상에 기반한 관찰 중심 상담에서는 대화의 주제는 상담자와 내담자가 공동적으로 관찰하는 사람이 된다. 예를 들어 내담자가 부모일 경우 관찰하는 대상은 자녀 일 수 있다. 상담 과정 동안 관찰하는 것은 동일한 것이다. 부모인 내담자가 자녀와의 의사소통 방법이나 갈등 상황에 대해 진술할 경우 그것은 자신의 지각에 기반한 것이다. 다른 사람에 대한 행위와 의도는 높은 수준으로 자각하는 반면에 자신의 행위와 의도는 낮은 수준으로 자각하는 경우가 빈번하다. 대부분의 사람들은 일상생활 속에서 자기 자신보다는 주로 다른 사람의 행동과 반응을 관찰하고 인식하는 경향이 있기 마련이다.

　하지만 영상에 기반한 관찰 중심 상담에서는 다른 상황이 일어난다. 내담자는 자신이 상대방과 어떻게 상호작용하는지 상대방은 자신과 어떻게 상호작용하는지 관찰할 수 있다. 상담자의 도움으로 내담자와 상대방 간의 상호작용을 가시화할 수 있다. 전경으로 삼을 수 있다. 이때 상담자와 내담자의 공동적인 관찰 초점은 관점의 변화를 돕는 데 둘 수 있다. 물론 일반적인 상담에서도 내담자의 관점 변화를 일으키고자 한다. 부모 자녀 간의 상호작용을 관찰한다고 가정하자. 직접 참여하고 적극적으로 영상을 촬영하였으며 상담실에서는 이제 자기가 촬영한 장면의 '자기 관찰자(Self Observer)'가 된다. 구체적인 관찰을 바탕으로 사건 전개의 맥락을 재확인할 수 있고 사건의 결과 이전의 상황을 재시청할 수 있다. 이에 자신에 대한 이야기와 함께 상담 내용으로 연결되고 제시한 문제에 대해 개선점과 새로운 발전 방향을 찾아갈 수 있다.

⑤

자기 관찰 후 관점 전환 모델

　영상 이미지에 기반한 상담법은 내담자로 하여금 자신에 대해 보다 구체적이고 주의 깊은 '자기 관찰(Self Observation)'을 가능하게 한다. 이에 쏟는 주의력, 집중력을 통해 관계의 상호작용을 재설정할 수 있도록 내담자에게 '프레임워크(Framework)'를 제공해 관계를 개선할 수 있는 기회를 만들어 준다. 이 프레임워크에서는 중단된 관계를 재연결할 수 있으며 부모와 자녀 간 상호작용에 대해 긍정적인 순간을 재조명할 수 있다. 이는 상담치료적 영상 장면 선택과 재생, 정지 등의 여러 가지 기술과 상담자의 접근법에 따라 장면을 재조직화하는 과정을 만들 수 있다. 이에 내담자에게 제공할 프레임워크를 어떻게 설계해야 하는지가 중요하며 이를 체계적인 상담 접근 방식과 밀접하게 연결시켜야 한다.

　영상 이미지에 기반한 마테 메오 상담법은 '자기 관찰자'가 되어 가시화된 자신과 상대방 간의 상호작용 모습에 대해 제3자적 관점에서 바라볼 수 있다. 나아가 기존 관점은 변화하고 새로운 방향으로 발전할 수 있으며 관점 전환이 일어날 수 있다. 내담자의 시각을 다양화함으로써 일어난 사건, 자신 및 상대방 등 모두 다른 관점에서 바라볼 수 있는 것이 가능하다. 동일한 상황도 어떤 관점에서 보느냐에 따라 그 해석이 달라질 수 있기 때문이다.

  마테 메오 개념에 기반한 부모 교육 및 코칭에서 부모는 '치료'를 받지 않고 일종의 '교육'을 받는다. 그들은 아이들을 새로운 방식으로 바라보는 법을 배우며, '가족의 프로세스를 제어'할 수 있는 새로운 학습의 기회를 가진다. 이 기회를 통해 자신의 역할을 잘 수행하는 방법을 배운다. 이러한 관점에서 부모의 '역할'은 자녀에게 안전한 구조를 제공하고, 편안하고 친근한 분위기를 조성하고, 자녀에게 주도권을 부여하며 그것을 행사할 수 있는 공간을 제공하는 것이다(Bünder. P. 외 공저, 2015). 영상 분석이라는 프레임워크 즉 영상 이미지에 기반한 상담법으로 이전에는 할 수 없었던 또는 알아차리지 못했던 것에 대한 '새로운 관점 전환'이 이루어지도록 돕는다. 관점 전환은 '자신'을 하나의 모델로 인식하며 프레임워크에서 제시한 자신의 긍정적 행위와 상호작용 이미지를 통해 더 강력하게 학습할 수 있도록 돕는다. 또한 관점 전환은 기존 행동과 상호작용 방법, 상대방에게 미치는 영향력에 대해 다시 생각하게 하고 통찰을 얻을 수 있도록 돕는다. 마테 메오 기법을 적용한 구체적인 이미지를 기반으로 한 모든 정보가 내담자에게 전달되며 이와 같은 과정은 상담 및 조언을 구하는 사람들이 필요로 하는 방법을 더 잘 이해할 수 있도록 돕는다. 후속 영상 과제 촬영과 상담을 통해 마테 메오 기법을 실제로 적용했는지 확인하고 그 모습을 관찰할 수 있다.

기 ⑥

비디오 상호작용 분석 모델

마테 메오는 상담자가 비디오 상호작용 분석(Video Interaction Aanalysis)을 수행하고 상담목표에 적합한 영상 장면 및 영상 컷을 선택한 후 그것을 특별한 방식으로 볼 수 있도록 제시하고 그것에 대해 내담자와 대화를 나누면서 필요한 상담 및 조언을 제공하는 상담 모델이다. 상담의 핵심 내용은 의사소통 능력 및 기술 향상과 그 의미와 관련된 방법에 있기 때문에 상담목표 설정에 따른 영상 이미지와 내용, 전달 방식은 복합적으로 연결되어 있다.

영상 촬영을 통한 일상 속 자기 관찰은 비디오 상호작용 분석(Video Interaction Aanalysis)과 영상 이미지에 기반한 리뷰(Review) 상담 과정을 통해 핵심적으로 이루어진다. 내담자의 현실 세계의 바탕이 되는 강점이 나타나는 특정한 장면은 자기성찰로 이어지고 그 성찰은 내면과 실제의 자기 모습에 대한 통찰로 연결될 수 있다. 영상 이미지에 기반한 자기 모습의 '리얼리티'는 자신과 타인과의 관계, 자신이 속한 환경을 인식하는 계기를 마련하고 참신하고 새로운 직관을 불러일으켜 삶을 대하는 태도, 자신 및 타인과 관계 맺는 사회적 태도 등의 변화를 가져올 수 있다. 이때 '해야 한다'는 제한적이고 당위적 사고보다 '할 수 있다'는 긍정적이고 가능적 사고의 세계로 발 딛는 것에 의미가 있다. 비디오 상호작용 분석은 자신에 대한 고정관념에 머물지 않고 다양한 관점에서 '자신'이라는 대상을 긍정적으로 바라볼 수 있도록 돕는다. 내담자의 강점을 발견하고 가시화하는 데 중요한 기법이다.

예를 들어 부모가 마테 메오 기본 요소를 실천하는 동안(Hawellek, Meyer zu Gellenbeck, 2005; Hawellek, 2006) 자녀의 원만한 성장발달을 지지하는 부모의 커뮤니케이션 기술이 언제, 어디서, 어떤 이유로 이루어지는지 상담자가 부모와 함께 그 내용을 다룬다. 그래서 마테 메오 자격 교육 과정 또한 비슷한 방식으로 구성되어 있다. '기초 자격 교육 과정(1단계)'에서 교육생들은 그들의 실제 임상 분야에서 응대하는 대상자들의 원만한 성장발달을 촉진시키기 위한 커뮤니케이션 기술을 습득하고 향상시킨다. '상담자 및 치료사 자격 교육 과정(2단계)'에서 교육생들은 '비디오 상호작용 분석(Video Interaction Analysis)'을 배운다. 교육은 부모 또는 종사자들이 일상생활 속에서 아동의 원만한 성장발달을 촉진시킬 수 있도록 잠재적인 가능성과 그 구체적인 방법을 익힐 수 있는 내용이다. 교육 시 강사는 교육생들의 의사소통 능력을 촉진시킬 수 있도록 마테 메오 기본 요소와 원리를 적용해서 진행한다. 발전지향적 대화법을 사용한다.

⑦

마테 메오 기본 요소와 기법

　마테 메오의 기본 요소를 사용하여 구조화된 상황에서 아동, 성인 또는 사람들의 성장발달 단계에 맞게 새롭게 발전하는 단계를 도울 수 있다. 협동 모델, 존중 모델 형성 과정 중에 독립적으로 무언가를 수행하고 원하는 데로 나아갈 수 있도록 지원할 수 있다. 성공적 의사소통 5가지 요소 중 첫 번째는 이니셔티브 인식, 두 번째는 이니셔티브에 확인과 인정, 세 번째는 자기 및 타인의 이니셔티브 명명, 네 번째는 상호순환적 대화, 다섯 번째는 긍정적 리드 하기이다.

1) 이니셔티브 인식

　이니셔티브란 개인의 생각, 행동, 감정 등 모든 주도권으로, 자신의 주도권에 따라 스스로 행동하고 결정을 내리는 능력, 자발적인 것에 해당한다. 어떤 행동의 첫 번째 단계이다. 이니셔티브를 표현할 수도 있고 드러내지 않고 숨길 수도 있다. 이니셔티브를 알아차리려면 관찰이 필요하다. 상대방의 이니셔티브를 잘 읽고 이해하여 반영 즉, 명명해 주면 상황에 대한 인식이 분명해지고 감정 상태를 이해하고 공감하는 데 도움이 된다.

아이들이 그들의 환경에 접촉하려는 모든 시도는 이니셔티브(Initiative)라고 할 수 있다. 아이들의 주의 집중은 그들의 이니셔티브, 즉 관심사에서 살펴볼 수 있다. 이것은 현재 상황에서 대면하고 있는 성인에 향하거나, 대면 안 하고 있는 대상 또는 어떤 현상에 향하거나 또는 내면화 과정(소망, 생각, 감정 등)에 향할 수 있다(Isager. M. & Becker. U., 2010). 부모는 아이의 관심사에 주의를 기울이고 집중함으로써 두 가지 관찰 관점을 가질 수 있다. 하나는 아이의 관심사를 인식하는 것이고 다른 하나는 아이가 현재 관심사에 초점을 두는 것에 대해 어떤 경험을 하고 있는지 관찰하는 것이다. 부모의 태도에 따라서 아이에게 '넌 중요한 사람이야'라는 인식을 줄 수 있다.

이러한 방식으로 부모는 현재 아동의 발달 및 필요한 욕구 사항을 파악할 수 있다. 부모가 아이의 이니셔티브(Initiative)를 따르고 그 행동에 적응하면 더욱더 깊게 이해하고 친밀한 관계를 형성할 수 있다(Hawellek. C. & Schlippe. A. von., 2005). 부모는 자녀와 '접촉 이니셔티브(Contact Initiative)'에 대해 '영감(Inspiration)'을 얻음으로써 부모 자녀 간에 안정적으로 상호작용할 수 있는 기반이 형성된다(Schepers. G. & König. C., 2000).

2) 이니셔티브 확인과 인정

아이의 이니셔티브에 반응하고 그것을 확인해 줌으로써 부모는 그가 보이는 신호나 이니셔티브를 인정해 주는 것이다. 아이의 주의 집중에 대해 확인하는 방법으로는 언어 및 비정형 언어(음성) 또는 비언어적으로 확인하고 인정해 주는 방법이 있다. "오", "응", "음" 등 여러 가지 음성 또는 언어로 확인하고 인정해 줄 수 있다. 고개를 끄덕이거나 눈 맞춤을 하면서 어깨를 으쓱이면서 비언어적으로 확인하고 인정해 줄 수도 있다. 이렇게 다양한 방법으로 부모가 아이에게 주의를 집중적으로 기울이면 아이는 눈에 띄게 집중력이 크게 증가하고 정서적 교류와 공감능력 발달을 위한 전제 조건이 형성된다(Sirringhaus-Bünder. A. & Bünder. P., 2001). 집중력이 향상되어 그에 따른 사고, 언어, 정서 발달을 돕는다.

부모가 아이의 이니셔티브를 이해하였음을 언어 또는 비언어로 보여 주지 않고 더 이상 접촉할 이니셔티브가 없을 경우 아이의 이니셔티브는 소멸된다(Schepers. G. & König. C., 2000). 아이에게 아이 스스로 보이는 주도적인 행동에 대해서 언어 또는 비언어적으로 확인해 주고 피드백을 하는 것은 매우 중요하다. 부모의 중요한 역할이다.

3) 자기 및 타인의 이니셔티브 명명

모든 것에는 이름을 붙일 수 있다. 즉, 명명할 수 있다. 적극적인 명명이란 아동, 성인 및 다른 사람들의 경험과 행동을 말로 표현하고 무슨 일이 일어났는지, 현재 일어나고 있는 일과 앞으로 일어날 일에 관해 언어로 이야기하는 것이다(Sirringhaus-Bünder. A. & Bünder. P., 2001). 아이들은 성인이 해 주는 명명을 통해 무슨 일이 어떻게 일어나는지 이해하고 예측할 수 있다. 부모는 아이의 '내부 세계'와 그를 둘러싼 '외부 세계'에 대해 명명함으로써 아이가 '외부 세계'에 대해 이해하고 참여할 수 있도록 촉진시킬 수 있다. 자녀가 사회와 연결된 내면의 지도를 개발하는 데 도움을 줄 수 있다. 부모가 자신의 행동에 대해 언어로 표현하는 것은 그들 또한 사회적으로 대처할 수 있음을 의미한다. 아이들은 가장 중요한 의사소통의 하나인 '언어'를 배울 수 있다. 또한 부모의 바람직한 양육태도와 언어표현은 자녀의 정체성, 가치관 형성에 영향을 끼친다.

언어로 표현하는 것은 긍정적인 사회적 행동, 사회적 공간에서 자신을 지향하는 능력의 기초이다. 부모는 또한 여러 가지 주어진 상황(요리, 세탁, 목욕, 방 청소, 옷 입기)에서 그것에 대한 이름을 지정하여 표현함으로써 자녀에게 명확한 구조와 방향을 제시한다. "오늘 저녁식사를 위해 된장국을 끓이려고 해", "자, 목욕 시간이구나", "이제 엄마가 방 청소를 시작할 거야", "우리 이제 옷 입고 외출하자"라고 말해 주면 아이는 현재 상황에 대한 이해와 언어를 동시에 습득할 수 있다. 작업의 시작과 끝에는 반드시 "자, 여기를 주목하세요", "이제 시작하겠습니다", "이제 시작하도록 합시다", "음, 잘 마쳤습니다!", "참 잘했습니다!"와 같이 표현하여 아이에게 분명한 신호를 보낼 수 있다.

아이는 하던 일이 종결된 건지 휴식 시간인지에 대해 알리면 분명하게 알리는 신호를 받아야 한다. 부모가 현재 자신이 무엇을 하고 있는지, 진행 중인지 종결인지 그에 대한 것을 단계적으로 설명할 때, 자녀는 그 일이 어떻게 진행되고 있으며 그 과정 중에 어느 지점에 있는지에 대한 정보를 얻을 수 있다. 또한 아이가 언어를 습득하는 과정에는 단계가 있는데, 단어를 사용하면서 구체적으로 명명해 줄 때 아이들은 그 상황에 맞게 적절한 언어 표현을 학습한다. 일상생활에서 부모의 자기 명명은 긍정적인 효과를 이끌어 낼 수 있다. 명명하게 되면, 첫 번째는 아이들의 관심을 끌고, 두 번째는 실제로 무엇을 하고 있는지 훨씬 더 명확해진다. 현재 상황 또는 일어나고 있는 일에 대해서 명명함으로써 아이들에게 명확한 방향성을 제시할 수 있다.

또한 아이의 감정을 살피고 이해한 것을 아이에게 "네가 창피해서 화가 났구나"라는 식으로 감정에 대해 표현해 주면 즉, 명명해 주면 아이는 상황에 따른 자신의 감정과 부모가 말하는 표현어를 연관 짓고 그대로 학습함으로써 자기표현력이 길러진다. 자기조절력이 좋은 아이가 자기표현력이 좋다. 명명은 생각, 행동, 감정 등에 대해 관찰하고 이해한 것을 표현함으로써 상호이해가 높아진다. 명명은 다양하다. 감정을 명명함으로써 상대방과 상호작용하고 상호이해하고 공감할 수 있다. 감정 명명은 상대방에 대한 반영이 되고 그것은 공감으로 연결될 수 있다. 예를 들어 상대방에게 "오, 네가 속이 상했구나"라고 반영해 준다면 이때 명명은 분명하게 드러나지 않았던 모호한 감정에 대해 그에 해당하는 감정을 표현하는 단어를 붙여 수면 위로 드러내 줌으로써 상대방의 감정 표현을 돕고 상대방으로 하여금 스스로 자신의 감정을 공감하도록 도울 수 있다.

4) 상호순환적 대화

대화할 때 서로 '교대로' 또는 '차례대로' 말하는 것이다. 원만한 의사소통을 위해 중요한 방법이다. 두 사람 이상 대화 시 모든 구성원이 교대로 대화하는 방식으로 의사소통 과정에 참여하는 것이 중요하다. 이러한 방식은 관련된 모든 사람들이 서로 보고 들을 수 있도록 자신감을 준다. 특히 아이들은 자신의 경험을 항상 우선으로 하기 때문에 서로 먼저 말하려고 하는데 반드시 교대로, 순서대로, 차례대로 말하는 능력을 배워야 한다. 교대로 말함으로써 아이들 간에 서로 관심을 가질 수 있도록 기회를 마련해 줄 수 있다. 가정에서 대화하는 능력을 배우지 못한 아이들은 유치원 또는 학교에서 더 많은 어려움을 겪게 된다. 이 능력을 키우는 것은 아이들이 자신의 길을 찾고 나아가 사회 전반에 통합되기 위한 중요한 전제 조건이 된다.

5) 긍정적 리드 하기

마테 메오가 부모와 자녀 관계를 보완하는 데 도움을 준다고 가정할 때 부모는 자녀와 책임감 있게 상호작용해야 한다. 부모가 안정된 환경 속에서 아이에게 올바른 방향을 제시하고 지도하는 것은 아이를 잘 이해하고 그들의 자율성을 존중하는 데서 시작된다. 이것이 성공적인 부모 자녀 간의 상호작용을 위한 방법이다(Schepers. G. & König. C., 2000). 원할한 대화를 이끌어 갈수록 자녀에게 긍정적인 영향을 미친다. 이때 부모는 명확한 지침과 한계를 알려 주도록 한다. 부모가 사물, 사람, 상황에 대해 이름을 붙여 명명해줌으로써 아이들과 상호작용하고 그 작용을 통해 아이들은 의미를 이해하며 사회적으로 주어진 의미와 연결 지을 수 있다. 부모는 아이가 행동하는 여러 가지 이니셔티브 중에서 특정한 '신호'를 선택하고 언어로 표현해 줌으로써 긍정적으로 상호작용할 수 있는 기회를 마련할 수 있다. 긍정적으로 리드하기 위해 다음과 같은 방법을 사용할 수 있다.

- 긍정적 피드백
- 대안적 행동 제시
- 활동 제안
- 문제해결방법 모색

'지도'란 부모가 가족과 함께 생활하고 자녀의 올바른 행동을 개발하기 위한 모든 행동을 의미한다(Bünder. P. 외 공저, 2015). 긍정적 리더십은 아이가 사회성을 개발해 나가는 데 큰 도움을 준다. 긍정적인 리더십을 발휘할 때는 아이의 이니셔티브를 무조건 따르기보다는 아이에게 부모가 원하는 바를 분명하게 말해 주어야 한다. 해야 할 방법을 단계별로 명명함으로써 관련된 작업 또는 과제를 수행할 수 있도록 돕는다. 잘 마쳤을 때 마지막으로 "네, 잘했습니다"라고 아이의 행동에 대해 언어로 분명하게 표현하고 확인해 줌으로써 아이 스스로 긍정적인 자신감을 키울 수 있다. 분명한 시작과 종료에 대해 신호를 주는 것도 긍정적 리더십의 일부다. 이러한 신호는 사회적 맥락을 구별할 수 있게 만들고 전환을 표시하며 아이에게 방향성을 제공한다. 명확한 경계와 의미 있는 설정을 해 주는 것은 긍정적 리더십을 형성하는 데 중요한 역할을 한다. 합리적인 규칙과 명확한 경계를 통해 부모는 자녀에게 방향성, 연속성 및 예측 가능성을 제공할 수 있다.

또 다른 중요한 요소는 대화를 진행하는 방식과 상황에 적절한 어조를 선택하는 것이다. 영상 분석은 의사소통 및 상호작용에 유익하게 작용하고 기여할 수 있는 적절한 목소리 톤를 발견하는 데 도움을 줄 수 있다. 특히 아이들은 부모의 목소리에 매우 민감하게 반응하기 때문이다(Bünder. P. 외 공저, 2015).

성공적 의사소통의 5가지 기본 요소를 적용하는 것만으로는 원하는 모든 목표를 달성하는 데 한계가 있을 수 있다. 이것을 다른 기법 및 모델과 함께 유연하게 사용하는 것이 가장 이상적이라는 것이다(Aarts. M., 2009).

스위스의 소아정신과 의사 테레세 니클라우스 루슬리(Therese Niklaus Loosli)는 아동과 성인의 일상생활에서 마테 메오 요소를 적용하여 달성할 수 있는 목표에 대해 다음과 같이 설명한다. 마테 메오 기본 요소는 특별한 도움이 필요한 대상에게 '자신의 힘'으로 단계적으로 필요한 자기 인식, 자제력, 자신감, 자기효능감, 의사소통 및 사회적 기술을 향상시키는 데 도움을 줄 수 있다. 그뿐만 아니라 이 요소들은 사람들의 삶에 기본이 되는 과정들을 구조화하고 모델링해서 자기 내면화시키는 데 도움이 된다(Niklaus Loosli. T. & Berther. C., 2015).

마리아 아츠는 여러 가지 요소 중 특히 '이니셔티브를 주의 깊게 기다리기(Attentive Waiting an Initiative)', '이니셔티브 따르기(Following an Initiative)', '이니셔티브 명명하기(Naming an Initiative)'는 가장 기본적이고 중요하다고 하였다. 이 3가지는 한 세트로 작용해야 한다고 했는데 상대방의 이니셔티브를 가장 우선적으로 기다려 주고 그것을 따르고 존중하고 관찰한 후에 명명해야 한다고 강조한다(역자: 2021년 1월 6일 화상 통화 중). 이와 더불어 좋은 표정(Good Face)과 좋은 목소리 톤(Good Tone) 즉, 온화한 표정과 상황에 따라 가장 적절한 목소리의 톤은 원만한 의사소통에 영향을 미친다.

그 외 마테 메오 의사소통의 요소는 다음과 같다.

- 자신 및 상대방의 이니셔티브를 인식한다.
- 상대방에 대해 주의를 기울인다.
- 적극적으로 기다린다.
- 상대방과 시선을 맞춘다.
- 자기 및 상대방의 이니셔티브를 명명한다.
- 상대방의 이니셔티브를 반영하고 확인해 준다.
- 상대방을 긍정적으로 이끈다.
- 원만한 상호작용으로 관계를 형성한다.
- 적절한 목소리와 높낮이가 있는 어조로 말한다.
- 온화한 표정으로 대한다.
- 긍정적 분위기를 조성한다.

⑧

마테 메오 기법

1) 이니셔티브

'이니셔티브(Initiative)'는 주도권, 자발적 계획 등을 일컫는다. 자발적 또는 주도적 행동, 생각, 감정뿐만 아니라 말과 같은 언어적 표현, 눈짓, 표정, 몸동작 등의 몸짓 언어를 포함한 비언어적 표현도 해당된다. 영상 촬영으로 내담자의 이니셔티브를 미세하게 관찰할 수 있다. 상대방의 의견에 수긍할 때 고개를 끄덕이는 행동도 상대방의 이니셔티브에 대한 자신의 이니셔티브를 표현한 것이다.

어린 아이가 성장할수록 연령에 따라 이니셔티브가 다양해지고 복잡해진다. 만일 부모가 매우 바쁘고 아이를 잘 돌보지 못하는 상황이라면 아이의 이니셔티브를 잘 알아차리지 못할 수 있다. 즉 부모는 자녀의 욕구를 알아차리거나 파악하지 못하는 것이다. 아이도 자신의 이니셔티브를 언어로 표현하는 것을 배우지 못하고 스스로 자발적으로 표현하지 못한다면 부모는 더 알아차리지 못할 것이다.

이에 이니셔티브를 알아차리고 접촉하려면 주의 깊게 기다리고 아이의 관심사를 따라가야 한다. 보다 적극적으로 주의를 기울이면서 충분히 기다려주어야 한다.

2) 이니셔티브 주의 깊게 기다리기

'이니셔티브를 주의 깊게 기다리는 것(Attentive Waiting an Initiative)'은 상대방의 이니셔티브가 나타날 때까지 깊은 관심과 주의를 기울이면서 시간과 공간을 두고 천천히 기다리는 것을 의미한다. 상대방의 속도에 맞게 충분히(Enough) 기다려주는 것이다. 특히 어린 아이나 언어 표현이 서투르거나 사회적 취약 대상일 경우 그들이 상황을 이해하고 수용하고 반응하는 능력 혹은 반응하는 데 걸리는 시간에 차이가 나기 때문에 더더욱 천천히 기다려 주어야 한다. 개개인마다 이해하고 반응하는 속도는 다르다. 기다려 줌으로써 상대방은 존중받고 있다고 여기고 여유가 생긴다. 주의 깊게 기다리는 것은 상대방을 적극적으로 배려하고 존중하는 것이다.

예시) 상대방이 현재 행동(옷 입기, 신발 신기, 청소하기 등)을 다 할 때까지 기다려 주기(적극적 기다림)
예시) 상대방이 다음 행동을 할 때까지 기다려 주기(적극적 기다림)
예시) 상대방이 충분히 말할 수 있도록 들어주기(적극적 경청)
예시) 상대방이 말할 수 있을 때까지 기다려 주기(적극적 경청)

3) 이니셔티브 따르기

'이니셔티브를 따르는 것(Following an Initiative)'은 상대방의 이니셔티브에 대해 주의 깊게 관심을 갖고 지켜보면서 이해하고 그에 적절한 속도로 따르는 것을 의미한다. 상대방의 관심사에 대해 주의 깊게 보고 듣고 말하며 따르는 것이다. 행동, 생각, 감정을 따른다는 것은 상대방의 의견, 생각, 감정을 존중하고 배려하는 것이다. 따르는 것(Following)은 주의 깊게 기다리기(Waiting)와 명명하기(Naming) 등과 여러 다양한 형태로 상호 연결되어 있다. 그 예시는 다음과 같다.

　상대방의 이니셔티브를 적극적으로 기다리며 주의를 기울인다.
　상대방의 시선을 따라가며 그가 향한 것에 관심을 둔다.
　상대방의 생각과 표현을 존중한다.
　상대방과 유대감을 형성하고 그 행동과 감정을 존중한다.
　자기 및 상대방의 이니셔티브를 인식하고 따르며 그것을 명명한다.
　감정을 주의 깊게 따라가며 인식 한 것을 명명하다.
　부드러운 시선으로 원만한 분위기를 조성하고 친절한 목소리 톤으로 이야기한다.
　상대방이 즐거워하는 것을 함께 나눈다.

이와 같이 3가지 마테 메오 기법을 실천하면,

　상대방은 관심과 존중을 받는다고 여긴다.
　새로운 아이디어 개발을 촉진시킨다.

집중력이 높아진다.
자신의 이니셔티브를 따른다.
자기표현법을 배운다.
자신감과 자존감이 높아진다.

이니셔티브 따르기의 예시는 다음과 같다.

예시)
언어 따르기: 상대방의 말을 반복하며 따라 한다.
> 아이가 로봇 장난감을 가지고 놀면서 "난 로봇 장난감을 가지고 놀고 있어"라고 말할 때, 엄마가 "아, 로봇이구나"라고 따라 말한다.

아기가 "응애" 소리를 낸다. 엄마도 아기가 내는 "응애" 소리를 낸다.

행동 따르기: 상대방의 행동을 반복하여 따라 한다.
> 아이가 로봇 장난감을 가지고 놀면서 손으로 들고 엄마에게 보여 주며 "난 로봇 장난감을 가지고 놀고 있어"라고 말할 때, 엄마가 로봇 장난감을 들어 올리는 행동을 반복하여 따라 한다.

아기가 엄마에게 눈을 찡긋한다. 엄마가 아기가 눈 찡긋하는 것을 따라 한다.

감정 따르기: 상대방의 감정을 이해하고 공감한다.
> 아이가 장난감을 가지고 즐겁게 놀면서 "아, 재미있어"라고 하면 엄마가 "장난감 가지고 노는 게 즐겁구나"라고 말하며 아이의 감정을 공감해준다.

아기가 기저귀가 젖어서 울자, 엄마가 "축축해서 불편하구나"라고 말하며 아기의 느낌을 공감해준다.

생각 따르기: 상대방의 생각과 의견에 따른다.
아이가 "로봇 장난감을 가지고 놀자"라고 자신의 생각을 이야기하자, 엄마가 "응, 그래. 그 놀이 하자"라고 말한다.

아이가 "난 학교 과제 다 하고 저녁밥 먹고 싶어요"라고 말하자, 엄마가 "응, 좋은 생각이야"라고 말한다.

4) 이니셔티브 명명하기

'이니셔티브를 명명하는 것(Naming an Initiative)'은 개인의 행동 수준, 지식 및 감정 수준에 적절하게 자신 및 상대방의 이니셔티브를 '명명하는 것', '말하는 것'을 의미한다. 자기 및 상대방의 이니셔티브를 명명하는 것은 일어나는 행동을 예측 가능하게 하며 각자 원하는 바를 명확하게 전달하고 상호 감정을 표현하고 현재 상황을 이해하는데 도움을 준다.

예시)
자신의 이니셔티브 및 행동, 감정을 명명한다.
"자, 엄마가 이제 너희들에게 간식을 줄게."
"아, 오늘은 너무 속상하구나."

상대방의 이니셔티브 및 생각에 대해 명명한다.

"오, 좋은 생각이야."
"오, 목이 많이 말랐구나."

상대방의 이니셔티브 및 행동, 감정을 명명할 경우 지나치게 과장되게 표현할 필요는 없다.

"자, 네가 다른 아이들에게 간식을 나눠 주고 있구나."
"아, 네가 나의 마음을 헤아려 주는구나."
"오, 네 아이디어가 멋지구나!"

아이가 넥타이를 그린 것을 보고 다른 사람이 "아, 넥타이를 그렸구나"라고 말한다.

행동 명명: "아, 넥타이를 그렸구나."
감정 명명: "놀이하는 것이 즐겁구나."
생각 명명: "네 생각대로 그리고 싶구나."

특히 분명하게 드러나지 않았던 모호한 감정에 대해 적절한 어휘로 표현하면 긴장 완화에도 많은 도움이 된다. 명명하는 순간 분명하게 정의된 감정표현이 강력한 감정의 정도를 좀 완화시키는 현상이 일어나기도 한다. 너무 불안하고 두려울 때 "많이 놀라셨죠. 괜찮으세요? 지금은 좀 어떠세요?"라고 물어 주면 불안이 감소되는 현상이 나타나는 것과 유사하다.

5) 링킹 업

'링킹 업(Linking-Up)'은 두 명 이상 또는 두 가지 이상 다른 대상 또는 개념을 묶거나 연결하는 것으로 아직 인식하지 못한 사회적 정보 수집을 돕고 서로에 대해 인식하고 관심을 가질 수 있도록 연결 짓는 것을 의미한다.

예시 1) 아빠가 과일 접시를 들고 방에 들어오고 있다고 아이에게 알려준다.

"아, 지금 아빠가 손에 과일 접시를 들고 방에 들어오고 있습니다"라고 말하자 장난감 놀이를 하고 있던 아이가 방문 쪽으로 들어오고 있는 아빠를 본다. "와! 과일이다. 먹고 놀아야지"라고 외친다. 그 모습을 본 아빠는 미소 짓는다.

링킹 업으로 아이는 아빠가 과일 접시를 가지고 방에 들어오는 것을 알게 되었고 아빠의 행동에 기쁘게 반응함으로써 아빠도 미소 짓고 두 사람은 연결된다.

예시 2) 엄마가 큰아들의 김밥 말고 있는 모습에 대해 작은아들에게 알려준다.

"오, 지금 형이 김밥 위에 단무지와 계란, 당근을 올렸습니다. 그리고 김을 돌돌 말아 꾹꾹 눌러 동그랗게 만들고 있습니다"라고 말하자 동생이 형이 하고 있는 행동에 관심을 가지고 바라본다. 동생이 "와, 형! 김밥 되게 잘 싼다"라고 말하자 형이 어깨를 으쓱거리며 미소를 짓고 두 사람은 눈이 마주친다.

엄마의 링킹 업으로 동생은 형의 김밥 마는 행동에 관심을 가지게 되었고 칭찬하자 형은 미소로 답한다. 두 사람은 연결된다.

예시 3) 아빠가 큰딸이 소꿉놀이하는 상황을 작은딸에게 설명한다.

"지금 언니가 주방놀이 장난감 중에 냄비에 물을 따르고 가스레인지 위에 올립니다. 잠시 후 스파게티 면을 접시 위에 담아 포크로 먹습니다"라고 말하자 동생이 언니가 하고 있는 행동을 쳐다보고 자매 둘이 눈이 마주친다. 언니가 "너도 같이 할래?"라고 묻고 동생은 "응, 나도 하고 싶어"라고 답한다.

아빠의 링킹 업으로 동생은 언니가 하는 놀이에 관심을 가지게 되었고 두 사람은 함께 놀이 활동을 하게 된다.

6) 좋은 표정

'좋은 표정(Good Face)'을 짓는 것은 상황에 적절하게 온화하고 친절한 표정을 짓는 것이다. 얼굴 표정은 상호 간 의사소통에 있어 중요한 의미를 갖는다. 인간이 사용하는 다양한 언어보다도 수많은 인간 내면의 감정을 표현할 수 있는 수단이다. 비언어적 대화수단이기도 하다. 언어는 숨길 수 있으나 표정을 숨기기가 어렵다. 자연스럽게 얼굴 표정에 드러난 친절함, 부드러움, 온화함은 상대방에게도 긍정적 정서를 전달해 줄 수 있다. 상대방과 대화 시 좋은 얼굴 표정을 짓는다. 온화한 표정을 지으며 눈높이를 맞추고 대화한다. 친절하고 부드러운 표정, 미소를 띤다. 의사소통 시 상대방에게 긍정적인 인상을 줄 수 있다.

신생아는 타원형, 3차원 패턴, 고대비 및 움직이는 모빌 등을 선호한다(Rausch. H., 2008). 이러한 특징은 사람의 얼굴을 특징 짓는다.[7] 신생아는 태어날 때부터 행복한 얼굴과 슬픈 얼굴을 구별할 수 있다(Dornes. M., 2009). 따라서 '좋은 얼굴'은 일반적인 아동 발달과 사회정서적 기술 발달에 근본적으로 중요하다. 예를 들어 미국 발달심리학자 에드워드 트로닉(Edward Tronick) 박사의 '무표정 실험(The Still Face Experiment)'에서 아기가 엄마의 무표정, 무반응을 마주했을 때 어떻게 반응하는지를 실험했다. 엄마가 무표정으로 아기를 대하자 아기는 처음에는 부모의 관심을 돌리려고 갖은 노력을 다 한다. 박수 치고 어딘가를 가리키고 웃고 옹알거리는

---

7) Spangler. M. S.; Freitag. C.; Jäger. K.; Schwarzer. G. (2011): Faktoren der Gesichtserkennung im ersten Lebensjahr. In: Keller. H.; Lohaus. A.; Schwarzer. G.; Knopf. M. (Hrsg.): Psychologische Rundschau. 62. Jahrgang. 2011.2. S.61-69. Göttingen 2011.

등 그럼에도 불구하고 엄마가 반응해주지 않으면 점점 눈가가 붉어지고 화를 내거나 울음을 터트린다. 이러다 엄마가 다시 반응을 해주면 다시 회복하고 웃는 모습을 보여 준다. 생후 6주에 불과한 아기는 엄마가 '무표정한 얼굴'로 반응할 때 눈 맞춤과 보호자와의 상호작용이 감소하는 것으로 나타났다. 따라서 돌보는 사람의 '무표정한 얼굴'은 의사소통을 시작하려는 아이들에게 치명적인 영향을 줄 수 있다. 이것은 아동의 뇌 발달에 근본적으로 중요하다. 또한 양육자의 다양한 표정에 대한 초기 상호작용 경험이 아동에게 자신의 환경에서 얻은 표정을 다른 사람들과 연관시키거나 일반화할 기회를 제공한다는 점에서 중요하다. 실제적이고 무엇보다도 1차 양육자와 상호조정된 상호작용 경험이 없으면 아이의 공감능력이 부족해질 수 있다. 공감은 다른 사람이 어떻게 느끼는지 이해하는 능력이다. 부모자녀 상호작용의 감소와 양육자의 무표정하고 슬픈 표정은 청소년들이 다양한 표정을 경험하고 다음 단계에서 주변 사람들과 관련시킬 수 있는 기회를 박탈한다. 상대방의 표정에 상응하는 감정을 추론하는 것이 불가능할 수도 있고 아주 제한적으로만 상대방이 어떻게 느끼는지 이해할 수 있을 것이다. 또한 도네스(Dornes)는 이러한 맥락에서 "얼굴의 다양한 감정 표현은 다양한 감각 데이터로 이어지며 이 데이터는 뇌에 통합되어 주체에 의해 다른 감정으로 느낀다"(Dornes. M., 2009)고 하였다. 이에 따르면 아이들은 양육자의 표정에서 자신의 상태에 상응하는 감정을 추론할 수 있다. 아이가 상대방의 표정을 좋은 표정으로 인식한다면 이것은 아이의 자아 안에서 긍정적이고 즐거운 경험으로 이어질 것이다.

특히 부모의 표정은 아이에게 많은 영향을 미친다. 엄마의 표정이 좋지 않으면 아이는 엄마가 아무 말과 행동을 하지 않아도 화가 난 것으로 오해하거나 기분이 나쁘다고 여길 수 있다. 이렇듯 부모의 표정에 따라 감정을 배우고 소통하기 때문에 아이에게 말할 때 표정은 매우 중요한 역할을 미칠 수 있다. 아동의 사회화 과정 중에 가장 직접적이고 일반적인 의사소통 수단은 바로 대면 의사소통으로 표정을 통해서 타인의 정서적 표정을 해석하고 자신의 정서적 반응을 표현하는 것이다. 상대방의 정서적 표현을 인식하는 능력은 성공적인 또래관계의 필수 조건이다. 이에 아이들을 대할 때 긍정적인 표정을 지을 때 미소는 친사회적인 의도를 전달하는 긍정적인 정서의 한 형태가 된다. 좋은 표정으로 아이들을 대해줄 때 그들도 다른 사람들에게 자신의 긍정적인 정서를 표현할 수 있다.

마테 메오 요소 중 '좋은 표정'은 긍정적인 관계와 편안한 분위기를 조성하는 데 중요한 역할을 한다. 이를 통해 수용 받고 자신이 바라는 것이 충족된다고 느낄 수 있다. 하벨렉(Hawellek)에 따르면 좋은 표정은 아동의 자신감 발달에 크게 기여한다(Hawellek. C., 2017). 이러한 맥락에서 마리아 아츠(Maria Aarts) 또한 '얼굴 표정 읽는 기술'이 자신과 다른 사람 사이의 정서적 조절을 돕고 긍정적 관계를 구축하는 데 중요하다고 하였다(Aarts. M., 2011). 마테 메오 리뷰 상담 시에도 얼굴 표정이 잘 보이는 자리에 앉아야 내담

자의 비언어적 반응을 잘 살필 수 있다고 마리아 아츠는 강조한다.[8]

7) 좋은 목소리 톤

'좋은 목소리 톤(Good Tone)'으로 말하는 것은 상황에 적절한 음색과 어조로 말하는 것이다. 좋은 목소리 톤은 상호 간 의사소통에 있어서 중요한 의미를 갖는다. 좋은 목소리는 타고나는가? 타고난 것이 아니라 올바른 방법으로 가꾸고 관리함으로써 좋은 목소리를 만들 수 있다. 마리아 아츠는 '적절한 목소리 톤'을 '좋은 목소리 톤'이라고 부른다. 부드러운 목소리 톤은 편안한 분위기를 조성한다. 상대방과 대화 시 부드러운 목소리 톤으로 이야기한다. 대화 주제와 상황에 적절한 목소리 톤으로 밝고 부드러운 목소리로 말한다. 대화 시 다양한 높낮이의 목소리 톤을 사용하는 것은 중요하다. 어조의 높낮이와 강조를 위한 짧은 멈춤에 따라서 상대방의 관심을 더욱 집중시킬 수 있다. 특히 아동과 대화 시에는 '발랄한 톤(Fresh Tone)'으로 말하는 것이 적절하다. 원만한 분위기, 부담 없는 환경 조성, 긴장 완화에 도움이 된다. 지도 시, 가능한 한 차분하게 이끄는 목소리 톤으로 간결하고 명확하게 요구사항을 전달하는 것이 바람직하다.

---

8) Fachpool gGmbH. Herne in Germany. (2020.1.30.). 'Marte Meo Masterclass'.

특히 부모의 목소리 톤은 의미 정보 전달뿐만 아니라 기분 및 감정이 전달되기 때문에 매우 영향력이 높은 의사소통 수단이다. '긍정적 리드하기(Positive Lead)' 기법에서도 목소리 톤의 중요성이 강조된다. 상대방이나 아이들에게 소리를 지르거나 지나치게 큰 소리로 명령하고 지시하고 지적하지 않아야 한다.

8) 긍정적으로 리드하기 – 긍정적으로 이끌다

'긍정적으로 리드하기(Positive Lead)'란 자기와 다른 대상을 이끌다, 리드하다, 연결하다, 라는 의미이다. 즉, 예측할 수 있도록 주도권을 잡고, 자신이 어떤 행동을 취하기 전에 다음에 일어날 일 또는 할 일을 설명해 주면서 자연스럽게 상대방을 이끌어 가는 것이다. 주로 구조적 상황에서 상대방을 이끌어 갈 때 사용된다. 새로운 일을 시작할 때, 즉 과정에 대한 설명, 어떻게 해야 하는지에 대한 설명, 서로 협동해야 할 때, 상호존중해야 할 때, 모두가 자립적으로 수행해야 할 때 등 다양한 상황에 사용된다. 한 사람 또는 여러 사람을 동시에 이끌어야 할 때 유용하다. 시작하는 순간을 분명히 하는 것이 중요하다. 상대방이 행동을 취하기 전에 자신이 바라는 방식을 알린다. 즉, 다음 순간에 일어날 일에 대해 매우 구체적으로 전달한다. 원하는 이니셔티브를 확인하고 단계별로 이끌어 가면서 연결지점을 만들어 간다. 마칠 때는 종결을 분명히 한다.

원만한 분위기를 조성한다.
친절한 목소리 톤으로 말한다.
친절한 얼굴 표정으로 상대방을 대한다.
적극적으로 기다리고 시간을 충분히 둔다.

협의하고 동의를 구한다.
 "○○에 관해서 함께 논의하고 싶은데 괜찮으세요?"
확인하고 인정한다.
 "오셨군요. 잘 오셨습니다."
시작을 분명히 알린다.
 "자, 지금 시작하겠습니다."
종결을 분명히 알린다.
 "자, 이제 마치도록 하겠습니다."
자신의 행동을 시작하기 전에 명명한다.
 "이제 시작하려고 합니다."
이니셔티브를 인식하고 따르고 명명한다.
 "당신도 시작하기를 기다리고 있군요."
자신의 행동과 감정을 명명한다.
 "만나 뵙게 돼서 기쁩니다."
자신이 원하는 것을 말한다.
 "오늘 저는 ○○에 관해서 논의하고 싶습니다."
상대방의 이니셔티브를 명명한다.
 "당신은 지금 휴식을 취하고 싶으시군요."
함께 즐거워한다.
 "우리 모두가 즐거운 시간입니다."

 상대방을 긍정적으로 리드하고 여러 사람들을 소통시키고자 할 때 위 사항을 실천하고 무엇보다 원만한 분위기 조성과 상황에 적절한 목소리 톤을 사용하는 것이 중요하다.

자신을 명명할 때 전달하고자 하는 내용은 1) 예측 가능하고 2) 자신이 원하는 것에 대해 3) 구체적인 것이어야 한다. 또한 이야기 할 때 4) 자신의 감정을 적절히 표현하고 5) 현재 상황에 맞게 설명할 수 있도록 한다.

  상대방을 명명할 때 전달하고자 하는 내용의 1) 메시지가 정확하고 구체적이어야 한다. 2) 상대방이 느끼는 감정을 구체적으로 표현해 주도록 한다. 상대방의 말이나 행동을 3) 주의 깊고 여유 있게 기다려 준다. 이때 4) 시작과 끝을 분명하게 알린다. 5) 단계별로 진행하면서 도중에 내용을 확인하고 인정해 주며 그에 따른 즐거움을 나눈다. 목소리 톤, 어휘 표현, 고개 끄덕임 등 언어적, 비언어적으로 표현한다. 6) 함께 즐거움을 나눈다. 7) 좋은 표정을 짓는다. 8) 각각의 '접촉순간(Moment of contact)', '연결순간(Moment of connection)', '워킹순간(Moment of work)'이 부드럽게 연결되도록 한다. 9) 상대방에 맞는 적절한 타이밍(Timing)과 속도(Tempo)를 유지하고 너무 서두르거나 재촉하지 않도록 한다. 10) 단계별로 천천히 구체적으로 리드한다.

9) 자유로운 상황에 마테 메오 요소 적용

마테 메오의 여러 중요한 의사소통 기본 요소들은 가장 편안하고 자유로운 상황에서 그 힘을 발휘한다. 편안하고 자유로운 상황에서는 개인의 성격을 인식하고 외부 세계와 개인 관심사를 자세히 관찰하고 이해할 수 있다. 이를 기반으로 할 때 개인의 성장발전을 촉진시키는 '자신의 힘'을 발견할 수 있을 것이다. 자신감, 자기효능감, 자기 인식 및 조절력 향상과 언어 발달을 촉진시킬 수 있다. 자유로운 상황이란 예를 들어 한 아이가 자신이 원하는 대로 자연스럽게 놀고 있는 것이다. 부모나 보호자, 전문가의 개입이나 관여가 없는 상태이다. 자유롭게 놀이하는 장면을 지켜보고 관찰하는 상태다. 또는 한 아이가 방에 가만히 앉아서 창밖을 바라보고 있을 때 부모가 말 걸지 않고 잠시 멈춰서 그 모습을 관심 있게 지켜보는 것이다. 이와 같은 상황일 때 상대방에게 마테 메오 방법에 근거하여 다음과 같이 응대할 수 있다.

상대방의 눈높이에 맞추고 거리를 적절하게 유지한다.
원만한 분위기를 조성한다.
좋은 표정을 짓는다.
주의 깊게 상대방의 이니셔티브를 기다린다.
주의 깊게 상대방의 이니셔티브를 따른다.
친절하게 리드하는 목소리 톤을 사용한다.

상대방에게 무언가 말하고 싶을 때, 행동적 이니셔티브를 구체적으로 명명한다. 특히 자신의 행동을 잘 명명하지 못하거나 어려워하는 경우나, 어린아이일 경우에 해당된다.

"오, 지금 창밖에 나무를 보고 웃고 있구나."

정서적 이니셔티브를 구체적으로 명명한다. 특히 자신의 감정을 잘 명명하지 못하거나 서툴고 어려워하는 경우나, 어린아이일 경우에 정서적 이니셔티브 표현을 도울 수 있다.

"오, 지금 창 밖에 나무를 보고 웃고 있구나. 기분이 좋아 보이는구나."

상대방에게 무언가 확인하고 인정하고 싶을 때, 좋은 표정을 짓는다. 상대방이 말하는 내용을 단어로 반복하여 명명한 후 전체 문장으로 말한다.

A: 컵!
B: 아, 컵! 손에 컵을 쥐고 있구나.

이때 상황에 맞게 목소리 크기나 톤을 조절하여 어휘를 말한다.

여러 가지 마테 메오 요소를 활용하여 체계적이고 포괄적으로 내담자에게 자원중심적, 해결중심적 방식으로 접근할 수 있다. 이 요소들을 잘 활용하여 적은 노력으로 큰 성과를 낼 수 있다. 마테 메오는 '적은 게 많은 것이다(Less is more)'라고 강조한다. 즉, 무언가 추가적으로 더 개발시키기보다 원래 할 수 있는 것, 즉 평가하고 교정하기보다 상황에 맞게 필요로 하는 조언을 제공하고 기존 자원을 활성화시키는 데 초점을 둔다. 잘하려면 우리는 많이 하는 것들을 축소시켜야 한다. 좀 더 미니멀해져야 한다. 적극적 관심과 기다림으로 주의 깊게 접근할 때 '적은 것은 많은 것'과도 같다. 이미 충분하기 때문이다.

제 3 장

마테 메오
'영상 이미지의 힘'

제3장에서는 마테 메오 영상 이미지의 힘에 대해 다루었다. 영상 이미지는 경험한 기억 또는 감각에 대해 심적 반복을 일으킬 수 있다. 이 자체만으로도 하나의 언어가 되고 특별한 방식으로 선택된 영상 이미지 컷을 주관적, 객관적으로 관찰함으로써 정서적 참여가 일어나고 그 결과 관점의 전환을 일으킬 수 있다. 영상 이미지는 상담적 접근을 돕는 도구이다(Aarts, M., 2009). 자신이 원하는 욕구를 분명히 나타내고 '자신의 힘'으로 이루어 낸 성과를 인식하는 데 도움을 주며 목표를 성취하고자 하는 의지에 동기를 부여해 준다. 일상의 짧은 영상 클립 속에서 '잘 작동하는 것'을 찾아, '한 장의 그림이 천 마디 말의 가치(A Picture is worth a thousand words)'를 만든다. '천 마디 말보다 한 번 보는 게 낫다'는 의미다. 아주 작고 사소한 일상생활에서 발견했기 때문에 더욱 빛난다. 영상 이미지의 힘은 마테 메오 상담과 결합될 때 내담자는 자신의 '보존된 현실'에 직면하고 새로운 통찰력을 가져올 수 있다.

# 영상 이미지란?

 영상은 구체적 혹은 심적으로 시각화, 청각화하여 나타낼 수 있는 표시로 지각할 수 있는 형태로 이미 경험된 감각의 심적 반복을 일으킬 수 있다. '그림'과 '소리'가 결합되어 구체적인 이미지를 불러일으킬 수 있다. 영상 이미지는 전달하는 그 자체만으로도 하나의 언어가 되고 특정한 영상 이미지 속 표현 방식을 주관적, 객관적으로 관찰함으로써 정서적으로 관여할 수 있으며 그 결과 시각의 변화 즉 관점의 전환을 일으킬 수 있다. 또한 영상 속 인물의 구체적인 표현과 행동에 따라서 보는 이로 하여금 정신 작용을 인위적으로 재현할 수 있다. 최근 영상은 다양한 기술적 장치에 의해 기록, 재생, 편집, 가공, 전송되면서 인간 개개인을 스스로 표현하고 기억하는 도구가 되었다. 영상 이미지는 개인의 역동성과 복합적 감각을 사용할 수 있는 시간과 공간적 기억이 담겨져 있는 결합체이다.

1) 영상 이미지의 힘

마리아 아츠(Maria Aarts)는 비디오 영상을 상담적으로 접근하는 과정에서 여러 용도로 사용할 수 있는 '도구'라고 하였다(Aarts. M., 2009). 일상생활 속에서 자연스럽게 성장발전을 촉진하는 사람들의 다양한 행동양식을 카메라로 촬영한 후 그들의 상호작용을 미세하게 분석하고 파악하는 데 도구로 사용한다. 영상 이미지는 일상 속 '리얼'한 모습에 대해 자세한 인상을 보여 줄 수 있고 잠재적 능력을 시각화하여 구체적으로 보여 준다. 즉, 사람들의 원하는 욕구를 분명히 보여 준다. 또한 사람들이 '자신의 힘'으로 이루어 낸 발전적 성과를 인식하는 데 도움이 되고 목표를 성취하고자 하는 동기를 유지하는 데도 도움이 될 수 있다. 자기 자신에 대한 긍정적 영상 이미지는 자기 정체성과 자기 이미지를 개선하고 행동을 변화시켜 삶의 질을 향상시키는 데 도움을 줄 수 있다. 영상 이미지는 다양한 힘을 발휘한다.

(1) 재현성, 지각적 해석 역할

영상 이미지는 개인으로 하여금 과거와 분리시키고, 현재에 머물며, 미래를 상상하게 한다. 또한 사회적 존재감, 실재감을 갖게 한다. 시간과 공간적 기억이 결합된 영상의 재현은 사람들에게 새로운 인식의 틀을 제시하는 하나의 프레임이 된다. 영상을 보면서 개별화된 심적 이미지는 각 개인들에게 다른 사람들과 현재 실재하는 존재감을 심어 줄 수 있다. 따라서 영상 이미지로 다시 재현된 자신의 모습은 그가 속한 가족 또는 사회 내에서 새롭게 존재하도록 만들어 준다. 일상생활에서 다른 사람들의 표정이나 어조를 정확하게 지각하고 해석하기는 어렵다. 영상이 가지는 재현성은 개인의 정확한 지각과 다양한 해석을 돕는다. 정확한 자기 인식을 위해 자신이 느끼는 감정과 행동, 다른 사람들을 어떻게 대하는지 등에 관해 좀 더 정확히 지각할 수 있다. 이때 물론 마테 메오 상담에 의해 영상 이미지에 기반한 관찰주도적 접근이 일어나는 전제하에서이다. 특정한 순간에 대한 영상 장면과 리뷰 상담 기법으로 재해석할 수 있는 기회를 가질 수 있다.

(2) 자기 모델링 역할

최근 뇌 과학 연구에 따르면 사람들은 새로운 것을 인식하고 내면에 이미지로 형성하기 위해 뇌에 고정시키는 능력이 발달되어 있다고 한다. 뇌는 '이미지를 생성하는 기관'이다(Bünder. P. 외 공저, 2015). 새로운 기대감은 기존 이미지에 대한 기대감을 수정하도록 학습 과정을 거치게 한다. 영상 이미지에 기반한 리뷰 상담 과정에서도 이와 유사한 학습 과정이 일어난다. 평상시에 자신을 볼 수 없기 때문에 영상 이미지에 나타나는 자신의 모습은 새로운 것이다. 자신을 바라볼 때 비교적 스트레스가 높지 않은 수준의 시각적 정보를 제공함으로써 그 정보에 대해 편안하게 받아 들이고 자연스럽게 언어·비언어적인 해석력을 발휘할 수 있다. 결과적으로 영상 속 자신에 대해 제3자적 관점자, 해석자로 바라볼 수 있다. 이와 같은 방법은 자기 및 타인에 대한 인식, 태도, 행동에 대해 영향을 미친다. 심상적 재현을 불러일으키는 영상 매체의 특징으로 인해 순간적·통찰적 판단력을 필요로 한다. 자신에 대해 해석 가능성을 더 향상시키고 확장시킨다. 구체적 상황에 대한 사실 및 의미 해석을 촉진하고 나아가 가능성과 변화를 촉진한다. 이런 방식으로 긍정적인 결과를 가져올 수 있도록 영상 이미지를 활용한다. 영상을 동반하고 있어 사실적으로 여겨진다. 어떻게 활용하느냐에 달려 있다. 새로운 기대감이 생겨 일상생활 및 양육 환경에서 안정적인 자신감을 갖도록 돕는다(Bünder. P. 외 공저, 2015). 이때 영상 이미지에 기반한 자기 모델링은 자신에게 주의를 기울이며 관찰한 것을 토대로 긍정적 행동 변화를 촉진시키는 학습 과정을 가시화시켜 준다. 자기 모델링은 자신이 성공적으로 잘해 냈을 때를 잘 관찰하고 기억하여 이를 스스로 모방하는 것이다. 그중 자신이 일상생활에서 성공적으로 수행한 모습을 영상 이미지로 보게 되면 이와 동일한 상황과 행동을 재현할 수 있도록 자기 모델링을 도울 수 있다. 이때 모델이 되는 자신과 상황에 주의 집중해야 한다. 이를 위해 마테 메오 리뷰 상담 기법이 중요한 역할을 하게 된다.

(3) 영상 이미지는 주관적인가, 객관적인가?

 일반적으로 리뷰 상담 시 내담자를 담고 있는 영상 이미지는 어떤 측면에서 온전히 객관적일 수 없다. 영상 이미지의 선택에 있어서 그것은 상담자의 주관적인 관점을 배재할 수 없기 때문이다(Schepers. G. & König. C., 2000). 물론 전문적인 훈련이 잘 된 상담자가 영상 클립을 비디오 상호작용 분석하고, 적합한 장면을 추출해야 한다. 이때 나타나는 지지적 의사소통 기술에 따라 관찰, 분석한 후 상담목표에 부합하는 영상 이미지를 선택할 수 있다.

 영상 촬영으로 '보존된 현실'을 다시 재생함으로써 내담자에게는 이제 객관적인 현실이 된다. 자기성찰은 자신의 심리 상태나 정신의 움직임을 내면적으로 관찰하는 행동으로서 자신이 인지하는 생각과 감정, 자신을 돌이켜보는 것이다. 영상 이미지 증거 기반으로 자신을 돌이켜보는 데 도움을 줄 수 있다. 자신의 표정, 목소리, 감정 상태와 행동의 목적과 수행하는 것을 관찰하고 명료한 평가를 내릴 수 있다. 자기 자신을 객관적으로 볼 수 있고 자신이 생각하는 '이상'과 '보존된 현실'을 통해 현실을 만날 수 있다. 마테 메오 상담에서 보여 주는 '보존된 현실'은 일반적으로 주로 긍정적 모습을 담고 있다. 상담 목적에 적합한 영상 클립 속 자신의 모습은 매우 긍정적으로 보일 수 있다. 물론 '보존된 현실' 중 가장 긍정적 모습을 보여 주지만 내면의 성찰지표는 '내가 과연 저렇게 긍정적인가?' 쪽으로 방향을 향한다. 이것은 자신을 돌이켜보기 때문에 드는 생각인 것이다. 자신을 객관적으로 보기 시작하기 때문에 상담 초반에는 다소 낯설게 여기는 경우가 빈번하다. 상담자가 비디오 상호작용 분석 후 제시하는 영상 클립을 통해 내담자는 보여 주는 것뿐만 아니라 그 이상의 것을 탐색하기 시작한다.

(4) 영상 이미지의 언어성

언어라는 상징을 사용하는 사회적 상호작용 속에서 의미가 발생한다. 상징 해석은 생각하는 과정을 통해 수정되며 생각은 언어에 기반을 둔 정신적 대화, 즉 내적 대화로서 내적 성찰을 할 수 있게 한다. 상징은 이미지를 통해서 표현된다. 영상이라는 체계를 가진 상징은 실제 내담자의 측면을 상징하거나 자신이 아직 발견하지 못한 긍정적인 부분이거나 잠재적인 가능성일 수도 있다. 아직은 낯선 '존재'다. 영상 클립은 언어에 기반한 리뷰 상담을 통해 영상 이미지와 대화로 이어진다. 내담자의 '잠재적 실재 존재'는 그것을 표현하는 언어와 만나서 비로소 의미와 해석이 된다.

영상 이미지는 자신 및 타인의 역할이나 입장을 동시에 상영할 수 있다. 내적 대화를 촉진할 수 있다. 특히 취약한 대상에게 적격이다. 사람은 상상하는 능력이 있다. 자신과 내면적 대화를 할 수 있고 다양한 사회적 역할을 수행해 나가야 한다. 내면에서만 상상하는 '존재'는 상상 밖으로 나온다. 이런 면에서 자신의 존재, 역할, 의사소통 행위에 대해 관찰하고 인식할 수 있다. 이때 가장 중요한 것은 언어를 기반으로 한 대화이다.

'한 장의 그림은 천 마디 말의 가치가 있다.'

단순한 대화는 인간의 행동을 바꾸는 데 특별히 효과적인 수단이 못 된다(Bandura. A., 1979). 상담 과정에서 언어 못지않게 그림이나 이미지가 주는 장점이 있다. 천 마디의 말보다 한 장의 그림이 더 의미 있게 힘을 발휘할 수 있다. 하지만 영상 이미지가 상담을 대체할 수 없다(Schepers. G. & König. C., 2000). 추상적 언어를 뚜렷한 실재로 보여 주고, 뚜렷한 영상 클립을 의미 해석으로 내면화시킨다. 한 내담자가 "아, 저는 집에서 아이들에게 잘해요"라고 할 때 잘한다는 것은 어떤 것인가? 영상은 잘한다는 것의 뚜렷함을 보여 주고 선택된 뚜렷한 영상 클립은 내담자로 하여금 "아, 제가 아이들과 이야기할 때 인상을 무척 쓰는군요. 음…. 제가 아이들과 소통하는 모습에 관해서 다시 한번 더 생각하고 개선 방향을 찾고 싶어요"라고 한다면 모호함과 뚜렷함은 상호보완적이다. 영상 이미지가 지니는 언어성을 살펴보겠다.

- 상담 과정에 나타나는 언어적·심리적 장벽을 낮춘다.
- 직접 관찰함으로써 관념적이고 추상적인 언어 교환의 모호함을 분명히 한다.
- 짧고 간결한 메시지를 전달함으로써 몰입도를 높이고 집중시킨다.
- 선별된 영상 이미지는 새로운 매력을 띠고 독특하기 때문에 흥미를 유발시킨다.
- 객관적인 인상을 주기 때문에 설득력이 있다.
- 특정한 순간에 대한 분석은 자기 노출에 대한 부담을 낮춘다.
- 직접적·시각적 정보는 정서적 참여를 불러 일으킨다.
- 심리적으로 떠오르는 이미지는 상황에 대한 기억력을 높인다.

'영상 이미지의 힘'이 상담에 미치는 영향은 간과할 수 없다. 영상 이미지에 기반한 상담은 적절한 언어적 표현으로 접근할 때 가장 유익한 효과로 나타날 수 있다(Schepers. G. & König. C., 2000). 이에 영상 이미지에 기반한 리뷰 상담 시 내담자의 반응을 주요하게 다뤄야 한다.

(5) 영상 이미지에 기반한 진단과 평가

영상 이미지에 기반한 마테 메오 기본 요소에 대한 관찰은 예를 들어 부모의 양육 방법과 아이의 성장발달 상태를 진단하고 아이에게 필요한 것을 촉진할 수 있는 양육 기술을 향상시키는 데 도움을 줄 수 있다. 아동이 어떤 발달적 요구를 필요로 하는지 발달 과제에 적절하게 대처할 수 있는지, 이와 동시에 부모가 아동의 발달적 요구를 잘 이해하는지 또는 적절하게 반응하는지를 살펴본다.

첫 번째로 촬영한 영상 클립을 비디오 상호작용 분석(Video Interaction Analysis)하여 상호작용 및 의사소통 중 가장 두드러지게 나타나는 패턴의 상태와 수준을 파악할 수 있다. 이때 발견된 내담자의 강점과 연결하는 데 집중한다. 눈에 확연히 보이는 의사소통 기술에 대한 정확한 설명과 특별한 요구사항 발생 시 필요로 하는 능력을 활성화시킬 수 있다. 이와 같은 방법으로 일반적인 상황에서 상호작용과 의사소통이 어떻게 이루어지는지 영상을 통해 구체적으로 확인할 수 있다. 상담목표 및 방향을 설정하는 데 관찰적 진단 도구로 영상 클립을 사용하는 것이다. 또한 이후 일상생활에서 마테 메오 기본 요소를 어떻게 구현하는지 확인할 수 있다. 영상 이미지는 관찰을 통한 내담자에 대한 진단과 평가가 가능하다.

(6) 영상 이미지에 기반한 상담목표 설정

비디오 상호작용 분석을 통해 영상 클립에 대한 평가 및 후속 과정 진행을 위해 다루어야 할 주요 상담목표 및 과제를 설정할 수 있다. 이를 통해 실제 일어나는 상호작용 및 의사소통을 살펴 볼 수 있다. 또한 '아동 발달 문제의 주최자'로서의 부모 역할을 수행하는 방법도 구체적으로 나타난다(Tietze. W., 2001).

구체적인 상황을 영상을 통해 관찰한다. 몰렌하우어(Mollen-hauer)에 따른 사회화 이론적 관점에서 보면 일상생활에서 발생하는 모든 상황은 '가장 작은 사회화 통합적 과정의 단위'이다. 발달적 이론 관점에서 스턴(Stern)은 일상적인 상황 중에서도 특히 어린 아동들에게 일어나는 상황에 대해서 임상적으로 그 중요성이 높다고 했다. 임상적으로 의미 있는 사건의 대부분은 아주 작고 평범하며 일상적이고 반복적으로 일어나는 비언어적인 사건들이라고 가정할 수 있다.

'비디오 상호작용 분석(Video Interaction Analysis)'처럼 구조화된 관찰 지침은 현재의 '행동 분석'을 명확히 할 뿐만 아니라 관련된 사람들의 지금까지 개발된 '내면 작업 모델' 및 '내면화된 시나리오'에 대해서도 파악할 수 있다. 내담자와 함께 행동을 관찰하고 이야기를 나누면서 자연스럽게 내담자에게 맞는 상담목표를 설정할 수 있다. 일상생활 속 파편화된 자신의 모습을 퍼즐처럼 한 조각 한 조각 맞춰 갈 수 있는 단초를 제공할 수 있다. 또한 개개인이 무의식중에 지니고 있는 자신의 '내면화된 시나리오'를 다시 읽어 보는 기회를 마련하여 자신의 본래의 모습과 성장발전하고 싶은 모습을 통합시킬 수 있다.

영상을 통해 일상 속 상황을 관찰함으로써 구두적인 접수 상담이나 상담 중 대화에서 얻는 것보다 훨씬 더 자세하고 풍부한 정보를 얻을 수 있다. 내담자와 가족들의 현재 상태와 수준에 대해 더 자세하게 파악할 수 있다.

② 영상 이미지에 기반한 특성과 효과

　시청각적 피드백이란 사람들이 시청각적 매체를 제공 받을 때 그에 관한 것을 이야기하는 것이다. 자신의 외모와 행동에 대해 직접적으로 또는 시각적, 청각적인 자극을 받은 것에 관해 길거나 짧게 이야기한다(Mittenecker. E., 1987).
　상담 및 치료 분야에서 영상 매체 사용의 효과에 대한 연구는 그리 활발하지 않다. 영상 매체를 활용한 자기 직면의 효과에 대해 신뢰할 수 있는 진술을 하기 어렵다(Mittenecker. E., 1987). 일반적으로 영상 매체를 활용한 자기 직면은 상담 및 치료의 부가적인 보조 수단으로 사용되기 때문에 그 효과에 대한 기여 정도는 상담 방법의 형태와 분리될 수 없다(Mittenecker. E., 1987).
　영상 매체는 기본적으로 내담자에게 동기를 부여하고 활성화시키는 효과가 있다. 원하는 행동을 더 빨리 학습할 수 있음을 의미한다. 영상 매체를 통해 인성교육을 실시하고 그 교육적 효과를 알아보는 등 다양한 상황에서 필요한 정보를 전달하는 도구로 많이 사용되고 있는 이유이기도 하다.

 영상 매체의 좋은 면이 있는 반면, 영상 매체가 주는 부정적인 영향들고 있다. 순기능적 효과 외에도 역기능적 측면을 강조할 만큼 그 영향이 있다 하겠다. 영상매체를 통한 폭력성 노출이 폭력적 행동으로 쉽게 이어진다고 많이들 생각한다. 영상매체를 통해 인지한 세계와 현실 세계를 뚜렷하게 구분할 능력이 미흡할 수록 폭력적이고 선정적인 장면에 쉽게 반응하고 학습할 여지가 분명히 있다.

 이와 같이 영상 매체가 주는 자극은 인지적, 심리적으로 영향을 주고 행동적으로 변화를 가져올 가능성이 높다 하겠다. 아동 청소년들에게 유해한 영상 매체물에 대한 사회적 관심이 높은 걸 보면 그 영향에 대해 심각하게 여기기 때문이다.

 자신을 촬영한 영상은 긍정적 행동 변화와 함께 자신의 능력에 대한 부정적 자기 평가가 동시에 일어나기도 한다. 그 영상은 상담 및 치료과정에서 왜곡된 자기 이미지를 수정하는 데 도움이 되기도 한다. 현재 직접적으로 입증된 효과는 다소 적을 수 있지만 목표 달성에 전반적으로 긍정적 영향을 미칠 수 있다(Ellgring. H., 1989). 중요한 것은 영상 매체의 단순 사용이 아니라 영상 이미지에 기반한 상담 방법에 있다고 하겠다.

 영상 이미지에 기반한 마테 메오 방법은 상담 및 조언을 구하는 사람들이 자발적으로 행동할 때 가장 성공적이다. 이 방법은 관련된 모든 사람들이 스스로 변화를 원할 때 효과적으로 사용할 수 있다(Bünder. P. 외 공저, 2015). 영상 이미지에 기반한 자기 관찰은 다양한 효과를 가져올 수 있다.

(1) 현재 관점 중심으로 관찰

시간이 경과한 과거의 한 장면에 대한 직면이 일어나고 계속 반복해서 볼 수 있는 기회를 통해 그 상황에 대해 인식하고 정보 처리할 수 있다. 영상 재생 도중 일시 정지하거나 정지 영상 또는 슬로우 모션 설정 방법으로 영상 이미지를 재생할 수 있다. 필요할 경우 반복 재생 등의 옵션을 통해 시각적·청각적으로 저장된 정보를 영상 매체를 통해 최적으로 활용하여 정서적, 인지적 기억 및 처리 과정에 사용할 수 있다(Hawellek. C., 1995). 현미경으로 미세하게 관찰하는 것처럼 영상 매체를 통해 시간이 흘러가는 과정을 미세하게 관찰할 수 있도록 돕는다. '치료사의 현미경'이라고 부른다(Hawellek, 1995). 다양한 영상 재생 기술은 미세한 관찰을 하는 데 큰 도움이 된다. 일상생활 속에서 그냥 지나쳐 버리는 순간에 대해 '미시적 발견'을 할 수 있도록 돕는다. 기존의 것에서 새로운 것을 발견하고 학습해 나갈 수 있다. 리뷰 상담 시 영상 재생 중에 특정한 장면에 정지하고 그 영상 이미지가 주는 순간에 머물게 함으로써 지나간 사건을 현재로 가져올 수 있다(Hawellek. C., 2012).

(2) 관점의 변화를 통한 통찰(메타 관점)

  자기 자신 및 상대방과의 상호작용을 바라보는 관점의 변화는 자기 직면뿐만 아니라 다른 사람에게 미치는 자신의 영향력에 대해서도 다시 생각해 볼 수 있으며 상대방의 입장에서 인식해 보는 기회를 가질 수 있다. 영상 이미지에 기반한 리뷰 상담 시간에 자신의 행동에 대해 제3자적 관점에서 인지적, 정서적, 행동적 요인과 관련하여 인과관계를 부여할 수 있다. 또한 영상 이미지 속 자신의 상호작용 방법에 대해 거리를 둔 제3자적 관점에서 자세와 태도, 감정 상태에 대해 생각해 볼 수 있는 기회를 제공할 수 있다. 이러한 관점의 변화는 상호작용이 일어나는 것에 대한 프레임의 변화다(Schepers. G. & König. C., 2000). 자신이나 자신이 놓여 있는 상황에 대해 거리를 두고 떨어져서 관찰할 수 있기 때문에 자신을 바라보는 프레임을 확대시킬 수 있다. 확대된 프레임은 상대방의 입장에 공감하고 자신이 타인에게 미치는 영향력에 대해 좀 더 인식할 수 있게끔 한다.

  (3) 새로운 정보 수집을 통한 통찰

  일반적으로 의사소통은 언어적 및 원형 언어적, 비언어적 등 요소들이 다양한 방법으로 동시에 일어난다. 상호작용 중에는 상대방이 보내는 모든 신호를 파악하기가 어렵다. 중요한 정보에는 주의를 기울이고 중요하지 않은 정보에 대해서는 주의를 철회하여 특정 정보에 주의를 기울이게 되는 것을 선택적 주의라고 한다. 이에 대부분 선택적 인식에 기인한 정보 수집을 하기 때문에 풍부한 정보가 수집되지 않는다. 특정한 상황에서 선택적 정보 처리 과정으로 인해 가장 중요한 정보가 인식되지 못하는 이유다. 영상 매체를 활용하면 복잡한 정보를 보다 간결하게 이해가 쉽고 빠르게 핵심적인 내용을 전달하는 데 용이하다. 특정한 영상 이미지는 하나의 선택적 정보에 주의를 기울일 수 있도록 돕는다. 특히 상담목표에 적합한 영상 이미지는 상담 내용을 구조화함으로써 내담자의 인지적 사고과정과 정서적 참여과정을 촉진한다. 이때 내담자의 특성이나 상태에 적합한 영상 이미지를 제시함으로써 이전에 인지하지 못했던 새로운 정보를 얻을 수 있도록 돕는다. 영상 이미지는 상호작용 순간을 반복적으로 볼 수 있기 때문에 내담자에게 내용적인 측면뿐만 아니라 정서적인 측면에서의 참여 정도와 새로운 정보를 얻을 수 있는 '두 번째 기회'를 제공한다. 마리아 아츠는 슈퍼비전 시간에 자주 "단지 4 내지 5초의 영상 장면만으로도 본질을 볼 수 있다"라고 강조한다. 상호작용이 나타나는 영상 클립의 모든 순간을 미시적으로 분석하여 행동과 반응을 1초 미만의 매우 작은 단위로 구분지어 미세하게 볼 수 있다. 특정한 의사소통이 나타나는 짧은 순간에 대한 관찰을 통해 촬영 당시에 알아차리지 못했던 새로운 정보를 구체적으로 얻을 수 있다.

(4) 정서적 참여와 접촉

리뷰 상담 과정에서 영상 이미지가 주는 주요 효과는 내담자로 하여금 강렬한 정서적 몰입과 긍정적 행동변화에 대한 동기와 참여도를 활성화시킨다. 상호작용에 기반한 자신에 대한 인식이 상담의 초점이기 때문이다. 상담자는 내담자가 정서적으로 적극 참여할 수 있도록 지지하며 집중적인 분위기 조성으로 행동 변화 측면에서 긍정적 효과를 얻을 수 있도록 최대한 조력해야 한다(Schepers. G. & König. C., 2000). 긴장감이 너무 저조할 경우 무언가를 바꾸고 개선하려는 동기가 약해지고 긴장감이 너무 고조될 경우 의지와 동기에 대한 불확실성이 커질 수 있다. 특히 의미 있는 영상 이미지를 재생할 경우 여유 있게 충분히 머물 수 있도록 시간을 두고 내담자의 반응이 일어나기까지 기다린다. '적은 게 가장 많은 것이다.' 많은 것을 보여 주려고 하기보다 적은 것을 보여 주고 그곳에 오래 머물도록 한다. 정서적 참여와 영상 이미지와의 접촉을 높이기 위한 집중은 상담자가 내담자에게 영상 이미지를 보여 주는 소개 방법과도 연관이 있다. "자, 여기를 보세요. 어머니가 아이에게 물컵을 건네줄 때 얼굴 표정을 잘 살펴보세요"처럼 주의 깊게 집중할 수 있도록 어떤 것에 집중해서 보라고 영상 재생하기 전에 알려 준다.

(5) 성공적 상호작용의 순간을 통해 자신감 향상

 자기효능감은 어떤 것을 할 수 있다는 자신의 역량에 대한 기대감 또는 낙관적 자기확신으로 사람들의 학습 동기와 관련한 자기조절을 말한다(Schepers. G. & König. C., 2000). 자기효능감은 어떤 것을 달성하기 위해 필요한 행동들을 조직화하고 실행하여 원하는 결과를 기대한 만큼 얻어 낼 수 있다는 자신의 능력에 대한 기대 또는 신념이다. 자기효능감 개념에 대한 변화는 치료적 개입 없이도 행동의 변화를 가능하게 한다(Bandura. A., 1976; Schepers. G. & König. C., 2000). 반두라(Bandura)는 개인이 자기효능감에 대한 기대치를 바꾸는 네 가지 정보원을 일컬어 첫째, 자신의 수행을 관찰함으로써(직접적 경험), 둘째, 모델이 수행하는 것을 관찰함으로써(간접적 경험), 셋째, 타인의 설득을 통해서(상징적 경험), 넷째, 생리적 지표를 통해서(각성적 피드백) 얻을 수 있다고 하면서 이러한 정보원을 통해서 효능감에 대한 기대치를 향상시킬 수 있다고 하였다. 이 중 마테 메오 영상 이미지는 직접적인 경험의 정보원에 해당한다. 부모와 자녀가 영상 이미지에 기반해 성공적 상호작용의 순간을 서로 볼 수 있을 때 자기효능감도 향상하게 된다(Aarts. M., 2005; Hawellek. C. & v. Schlippe. A., 2005). 성공적인 순간을 시각화해서 보여 주는 것이다. 영상 이미지에 기반한 피드백을 제공하면 심리학에서 말하는 자기효능감, 즉 '자신의 힘'으로 변화를 만들어 나갈 수 있다는 신념을 개발하는 데 도움이 된다. 또한 성공적인 상호작용의 순간을 카메라로 촬영한 후에 영상 이미지로 보여 주는 확인 과정을 통해 다시 한 번 더 '자신의 힘'을 깨닫게 한다.

(6) 자아상 변화

자아상은 '자신에 대한 인식과 감정'으로 정의된다(Dorsch 외 공저, 2004). 영상 이미지를 통해 내담자는 자신의 자아상과 외부 세계로부터의 '가치중립적'인 이미지와 마주하게 된다. 우리 인간은 '비디오 미러링'이 없는 자신의 자아상을 비디오보다 더 긍정적으로 여긴다(Schepers. G. & König. C., 2000). 외부 세계에서 보는 자기 영상 이미지는 자기 직면을 촉진할 수 있다. 첫 번째 촬영한 영상 이미지와 접하고 영상 속 상대방과의 상호작용에 대해 집중적으로 관찰함으로써 의사소통 과정에서 발생하는 자신의 영향력을 인식할 수 있다. 자아상은 문제 해결 행동에 큰 영향을 미친다. 특히 자아상은 자신뿐만 아니라 가족생활 전반에 영향을 미친다. 긍정적 영상 이미지는 부정적인 자아상에서 긍정적인 자아상으로 전환되는 기회를 유발함으로써 문제 중심 관점에서 해결 중심 관점으로 대처 행동을 개발시킬 수 있다.

(7) 자기 모델링

인지심리학에서 인간은 경험적 학습이나 모델 학습을 통해 복잡한 행동을 습득하는 유전적 소인이 있는 것으로 알려져 있다 (Bandura. A., 1979). 특별한 형태의 모델 학습은 '자신을 모델로 한 학습'이며 이를 '자기 모델링(Self Modeling)'이라고 부른다. 영상 이미지에 나타나는 인물의 목표 행동을 편집하여 최적화된 부분만 포함시키고 그 사람이 긍정적인 모델로서 자신을 경험할 수 있는 방식으로 편집하여 '자기 모델'을 만든다. 이것은 상담 과정 및 학습 과정에 강한 동기를 부여하는 효과가 있다. '비디오 자기 모델링(Video Self-Modeling)'은 모델에 대한 성공적 학습 가능성과 영상 이미지에 기반한 자기 직면의 장점이 결합되어 있다.

(8) 재귀인

어떤 행동을 하는 행위자에서 관찰자로의 관점 전환은 관찰된 행동에 대한 인과적 속성에 변화를 가져온다. 이는 자기 개념을 변화시킬 수 있다. 영상을 촬영하는 동안은 '배우'이며 자신과 상대방의 상호작용에 집중한다. 행위자는 자기의 행동을 외부 귀인하는 경향이 있다. 영상 이미지를 관찰하는 동안은 '관찰자'로 그 '배우'의 상호작용에 집중한다. 관찰자는 행위자의 행동을 근본적인 귀인 오류,

즉 내부 귀인하는 경향이 있다. 어떤 행동을 보고 나서 가능한 행위 원인들 가운데 어떤 원인을 그 행동에 귀속시켜야 할지 추론하고 결정하는 과정은 자신 및 타인 또는 주위 환경을 지각하는 기본 과정의 하나다. 외적인 압력, 사회적 규범과 역할과 같은 상황적인 외부 요소에 귀인하는 경우가 외부 귀인 또는 상황적 귀인이다. 영상 이미지에 기반한 관찰은 자신 및 타인의 행동, 의사소통 방법 등 특정한 원인을 찾기 위해 추론하는 과정에서 자기의 기여도, 기질 및 성격과 같은 내부 요소에 관심을 기울이도록 할 수 있다. 특히 내부 귀인으로의 전환은 자신의 태도와 자세, 의사소통 기술, 상호작용 방법으로 초점을 이동시킬 수 있다. 자신의 행동과 그 영향을 인식하며 책임감을 가지고 문제 해결에 임할 수 있는 길을 열어 준다.

(9) 자동적 사고 제어

자동적 사고는 인지적 성격 이론의 주요 개념으로, 마음속에 계속적으로 진행되는 인지의 흐름이다. 특정한 정서적 반응으로 이끄는 특별한 자극에서 유발된 개인화된 생각으로 노력 또는 의식적인 선택 없이 자발적으로 일어나는 것이다. 영상 이미지를 관찰하기 전에는 자동적이고 무의식적으로 행동하던 과정에 주의를 기울이게 된다. 자동적 사고의 제어가 일시적으로 중단된 상태에서의 경험은 자신에 대한 충격적 경험일 수 있다. 반면에 변화가 발생할 수 있는 가능성도 지니고 있다. 리뷰(Review) 상담 과정에서 영상 이미지를 보여 주는 여러 가지 영상 기술, 슬로우 모션, 클로즈 업, 숏 또는 롱 컷 등 다양한 방법을 사용하고 상황에 대한 원인과 결과를 인지하는 시간의 흐름 과정을 바꿈으로서 반사적으로 일어나는 자동적 사고를 제어할 수 있으며 새로운 학습 과정을 촉진시킬 수 있다.

마테 메오 개념이 특별한 것은 '영상 이미지의 힘'이 사람들의 전반적인 분야에서 개발을 자극할 수 있다는 사실에 있다(Aarts. M & Rausch. H., 2009). 아동 및 가족들을 대상으로 하는 상담에 적용 시 고려해야 할 사항은 다음과 같다(Hawellek. C., 2005).

- 일상적인 교육 및 양육 시 구체적인 문제 해결을 위해 사용하는 방법이다.
- 내담자와 가족 구성원, 부모와 자녀, 커플 등 관련된 모든 사람들의 성장발달 과정을 활성화시킨다.
- 이를 위해 일상생활 속 상황에 대해서 좀 더 구체적으로 자세히 관찰한다.

특히 부모 자녀 상담 및 코칭에 적용할 경우,

- 비디오 상호작용 분석을 기반으로 아동의 발달 상태에 따라 부모의 기존 잠재력과 긍정적인 자원을 발견한다. 부모가 현재 가지고 있는 자연스럽고 긍정적인 양육 방식을 일상생활에 적용하여 향상시킨다.
- 영상 클립을 사용하여 부모가 일상생활 속에서 자녀에게 이미 하고 있거나 그들과 직면한 특별한 요구사항 발생 시 대처할 수 있는 양육 방법에 대해 구체적인 상담 및 조언을 제공하는 것을 목표로 한다.

- 마테 메오는 증거에 기반한 상담 및 조언, 코칭 방법이다. 부모는 영상을 관찰하면서 자신의 역할을 모델링하고 결과적으로 자신의 행동 변화로 인한 자녀의 변화로부터 배운다. 자기 행동의 긍정적인 변화는 눈으로 관찰할 수 있다.

영상 이미지에 기반한 관찰로 양육 방법을 진단하고 상담 및 문제 해결을 지원하며 발생할 수 있는 문제 행동을 예방하고 감소할 수 있다. 자녀 양육 및 가족 상담에 기여할 수 있다.

③

영상 이미지에 기반한
상담 유무 차이

1) 상담 개입 유무에 따른 영상 이미지에 기반한 효과

내담자의 반응을 이해하고 다루는 것은 매우 중요한 일이다. 상담 개입이 없는 영상 클립은 내담자에게 영상 이미지가 되기 어렵다. 영상 이미지는 상담 개입에 의해 비로소 도움이 되고 그 영향을 발휘한다. 영상을 시청하는 것이 상담의 가장 중요한 점이 아니다. 한 장의 그림으로 다양한 해석이 가능하듯 내담자에게 인지적 사고와 정서적 참여과정에 단초가 되는 것이지 상담 방법의 전체를 차지하는 것은 아니다. 하지만 영상 이미지의 힘은 직접적이고 강렬하며 감정, 사고, 행동 특히 정서 반응을 일으킨다. 이 때 일어나는 내담자의 반응을 상담을 통해 접근하는 것은 문제 해결에 도움이 된다. 단순한 영상 시청은 상담효과를 보기 어렵다. 창시자 마리아 아츠도 영상 클립 또는 영상 컷이 마테 메오의 전부가 아니라고 강조한다. 각 전문 분야의 전문가가 적절하게 사용해야 한다고 강조하였다.

(1) 상담 개입 유무에 따라 어떤 차이가 나는가?

　상담 목적에 적합하게 선별된 영상 클립과 영상 컷은 상담자에 의해 선택적 재생이 가능한 경우와 그렇지 않은 경우에 따라 그 차이가 크게 있을 것이다. 그 예로 한 가지 방법은 상담 개입 없이 내담자 혼자 자신의 영상을 보는 방법이 있을 것이고 다른 한 가지 방법은 상담 개입에 따라 영상 이미지에 따른 내담자의 반응을 살피는 일이다. 영상매체를 활용한 교육 적용에서도 이미 나타났듯이 그 효과가 없을 리는 없다. 다양한 프로그램에서 참가자들에게 활동한 장면들을 영상 스토리로 보여 줄 때 대부분의 참가자들은 어느 정도 감동하기 마련이다. 이렇듯 영상 매체를 통해 자기 자신을 관찰할 수 있는 기회는 가질 수 있다. 그것이 자기성찰로 이어지는가에 대한 답은 다를 수 있다.

　영상 이미지에 기반한 마테 메오 상담이 특별한 이유는 선별된 영상 장면과 영상 컷을 내담자에게 전달하는 특별한 언어적 방법과 반응을 다루는 데 있다. 상담자의 다소 주도적 전달 방식은 내담자의 상담목표에 적합한 영상 장면과 컷의 집중적 선택에서 기인한다. 집중력을 높이기 위해 특별한 언어적 전달 방법을 사용하기 때문에 약간은 주도적이라고 하겠다. 반면에 내담자의 반응을 다루는 방식은 내담자의 인식, 지각, 사고의 흐름에 따른다. 마테 메오 기본 요소를 동일하게 적용해서 상담자도 내담자를 '따르고 기다린 후 명명한다'. 이 방식은 상담자의 지나친 개입을 방지하고 내담자의 의사를 존중하는 데 유용하다. 상담 개입 유무에 따라서 내담자가 여러 차례 영상 클립을 통해 스스로 무언가 차이를 인식할 때 그것에 대해서 대화하고 확인할 기회를 가지고 통찰을 도울 수 있다. 또한 영상을 통해 자신이 원하는 행동 모델을 보고 구현하며 그 결과를 확인할 수 있다. 내담자가 주의 집중할 수 있도록 특별한 방식으로 영상 이미지를 제시하고 그에 따른 내담자의 반응을 상담을 통해 다루고 협의하는 과정에서부터 본인도 전혀 몰랐던 부분에 접근하기도 한다. 그 과정을 통해 스스로 새로운 정보를 얻고 관점의 변화와 자기성찰을 촉진시킬 수 있다.

상담자가 부재한 가운데 내담자 혼자 영상을 볼 경우 자신의 정서적 참여와 정도에 따라서 감정적 몰입이 지나치면 부정적인 영향을 초래할 수 있다. 마찬가지로 상담자의 비전문적 개입 또한 내담자에게 부정적인 영향을 초래할 수 있다. 전문적인 상담 개입에 기반한 영상 이미지를 활용할 때 내담자로 하여금 상호작용의 구체적인 결과에 집중하고 관찰하도록 돕고 상담의 초점을 분명히 할 수 있다.

(2) 상담 개입이 없을 때

상담 개입이 없는 자기 영상 시청은 '보존된 현실'에 어느 정도 직면함으로써 약간의 통찰을 가져 올 수도 있다. 만일 어떤 내담자가 상담사 또는 치료사가 부재하는 상황에서 방해받지 않고 자신에 대한 영상 시청을 원한다면 내담자의 주요 호소 문제에 귀 기울이지 않거나 원하는 초점에 맞지 않는 피드백을 하는 것보다 나을 수 있다. 즉, 상담 초점에 맞지 않는 상담자의 피드백은 더 부정적인 영향을 초래할 위험이 있다(Mittenecker, 1987). 상담 개입이 없다는 것은 영상 장면에 대한 선택적 재생이 없고 그로 인해 일어나는 내담자의 반응을 다룰 수 없다는 것이다. 중요한 상호작용 순간을 알아차리지 못하고 지나쳐 버리거나 자칫 영상 속 '보존된 현실'의 자신에 대해 실망하거나 지나친 자괴감과 책임감, 자기비난을 가져올 수 있다. 즉 문제중심적 관찰이 일어날 수 있다. 상담 개입 없는 시청각적 자기 인식은 궁극적으로 의미 있는 자기 이미지나 행동 변화에 영향을 주기 어렵다. 일상생활을 촬영한 영상 클립의 단순 상영은 상담목표에 부합되지도 않을뿐더러 치료적이기 어렵다.

통찰보다는 흥밋거리
"오! 재밌군요!"
"우리 가족의 모습이군요."

무딘 감정 또는 강렬한 감정
"아무렇지도 않아요."
"너무 우울해요."

문제중심적 관점
"아이가 문제군요!"
"제가 문제가 많아요!"

부정적 자기 이미지
"아이에게 무언가 말을 하게 했어야 하는데 그렇게 하지 못했어요. 이런 제 자신이 한심합니다."
"제가 끝까지 하지 못한다는 것이 실제로 정말 짜증 납니다."

잘못된 인과적 속성
"제가 아이를 잘못 키우고 있군요. 다 제 잘못입니다."

부정적 자동적 사고
"저는 항상 무언가 시작하면 끝맺음을 못 합니다."

자기 모델링 한계
"제 자신을 보고 배울 게 없어요."
"지난번 영상과 차이를 모르겠어요."

동기 부여 저하
"별로 아무것도 하고 싶지 않아요."
"무슨 의미가 있는지 모르겠어요."

(3) 상담 개입이 있을 때

상담 개입이 있는 영상 이미지에 기반한 상담은 '보존된 현실'에 대한 단순 영상이 아닌 영상 재생의 여러 가지 다양한 기술 즉, 재생, 정지, 슬로우 모션, 반복 재생 등을 사용해서 현재 관점에서 '시간을 보는 현미경(Microskop of Time)'이 된다(Hawellek, 1995). 일례로 내담자 및 가족 구성원들에게 가족생활의 일상 장면을 다시 볼 수 있는 기회를 마련하여 새로운 관점과 통찰을 얻을 수 있도록 돕는다. 상담 초점에 맞는 상담자의 피드백은 영상 속에서 상호작용의 구체적인 결과에 주의를 집중시킬 수 있고 부정적인 영향을 피할 수 있다. 초반부에 자신의 영상 속 모습에 다소 부정적인 경우가 빈번한데 상담 진행과정에서 상담목표에 적합한 영상 이미지를 보고 다른 사람과 상호작용에서 아주 사소하지만 발전이 일어난다는 것을 확인할 수 있기 때문에 그 차이를 선명하게 인식할 수 있다. 상담 개입에 따른 영상 클립 및 영상 컷 시청은 영상 이미지에 기반한 효과로서 내담자가 생각하고 느끼는 것에 대해 다양한 반응을 다룰 수 있다.

🎞 **아이들과 게임하고 있는 자신의 모습을 영상으로 자세히 살펴본다. 아이들과 대화하는 자신을 다시 볼 수 있다.**

① **자기통찰**

상담자가 "지금, 자신의 모습이 어떻게 보이세요?"라고 질문한다.

내담자는 현재까지 자신의 방식, 대화방법, 바람직한 양육에 필요한 것 등을 되돌아보고 자기 자신을 재확인할 수 있다. 진심으로 원하는 바를 찾기 위해 한 발을 내딛는다. 시간 속 자신을 현미경으로 자세히 보게 된다. 우리가 자신을 보기 위해서 잠시 멈추고 머물지 않는가. 그리고 자세히 보아야 한다.

"제 모습을 다시 보게 되었어요."
"저도 아이와 다정한 눈빛으로 온화한 목소리로 말할 수 있는 모습을 보고 자주 해야겠다고 생각했어요."
"아이에게도 칭찬이 필요하다는 것을 알게 되었어요."
"이번 기회에 우리 가족들이 서로 상호작용하고 대화하는 모습을 자세히 보게 됐어요."
"우리 작은아이가 큰아이보다 질문을 하면 좀 늦게 천천히 대답하는 것을 알게 되었어요. 그것도 모르고 빨리 대답 안 한다고 야단쳤어요. 좀 더 기다려 줘야 할 거 같아요."

어떻게 원하는 내가 될 것인가? 자기 인식을 확장하는 계기가 될 것이다. 상담자는 내담자에게 몇 가지 질문을 할 수 있을 것이다. 자신의 목표를 달성하고자 하는 기대와 실제 일상 속 행동 간 보이는 현실의 차이를 인식하고 진정 원하는 것을 찾으며 지향할 수 있도록 자기 통찰을 돕는다.

"자녀를 어떻게 양육하고 싶으세요? 어떤 방식을 원하세요?"
"영상에서 보여 주는 모습과 평상시의 자기 모습은 어떤 차이가 있어요?"
"당신은 어떻게 그렇게 생각하게/느끼게 되었다고 생각합니까?"

② 정서적 참여

상담 초기에 대부분의 내담자는 자신의 영상 이미지에 대해 낯설게 여긴다. 상호작용하는 자신을 볼 때 감정적이거나 부정적으로 보기도 한다. 어떻게 보고 느끼며 생각하는 지 등 상담 개입이 필요한 이유다. 영상 이미지와 연결 지어 느끼는 점을 명료화할 수 있다.

내담자에게 초점이 되는 개별적인 질문이어야 한다.

"지금, 어떤 느낌이 드나요?"
"당신은 어떤 표정으로 아이들과 대화하고 싶어요?"

지적하거나 비난이 섞인 질문을 삼가한다.

"일반적으로 부모들은 어떤 표정으로 아이들과 대화해야 하나요?"

내담자는 자신이 느끼는 감정을 방어할 필요 없이 진솔하게 답할 수 있다.

"제가 저런 모습으로 아이를 대하는지 몰랐어요."
"정말 웃지를 않네요."
"표정이 너무 굳었어요."
"기분이 이상해요. 제가 아닌 것 같아요."

상담자가 "왜 저런 표정인가요?"라고 질문한다면 내담자는 방어적으로 답할 것이다.

"대부분의 부모들이 저런 표정 아닌가요?"

좀 더 회기가 진행된 후에 상호작용에서 발전이 일어난 것을 확인할 때는 자신이 진전한 것을 알아차릴 수 있다.

상담자 : 어떤 부분이 좀 달라 보이는지 알려 줄래요?
내담자 : 여러 회기 상담하는 동안 제가 아이와 원만하게 대화하려고 하는 모습이 흐뭇합니다.
상담자 : 무엇이 새롭게 보이는지 알려 줄래요?
내담자 : 전보다 많이 나아졌어요. 이젠 발전하는 게 조금씩 보입니다.

③ 새로운 정보 수집

상담자 : 지금 무엇이 보여요? 당신은 무엇을 하고 있어요?
내담자 : 지금은 예전보다 영상에서 정말 많은 것을 보게 됩니다.
상담자 : 어떻게 많은 것을 보게 되었어요?
내담자 : 자세히 보니 더 많은 것이 보입니다.
상담자 : 새롭게 보게 됨으로써 무엇이 달라졌어요?
내담자 : 제 자신에 대해서 더 많은 것을 알게 되었습니다.

④ 자아상의 변화

"아이가 부담 가지는지도 모르고 과하게 기대하고 있었습니다."

"한동안 제가 힘들고 우울해서 말하는 것을 잊고 살았습니다."
"아이와 잘 지내려고 열심히 노력하는 제 자신이 괜찮은 부모인 거 같습니다."
"이번 상담으로 좀 더 자신감을 얻었습니다"

⑤ 자기 학습 모델링

"최근 집에서 명명하기를 더 많이 하려고 정말 열심히 노력하고 있습니다."
"영상을 통해서 알게 된 것은 아들한테 관심을 조금 내려 놓아야 한다는 것입니다."

⑥ 인과 속성 변화

"아이에게 문제가 있었던 것보다 제 자신의 불안감이 더 큰 원인인 것을 알게 되었습니다."
"아이가 말이 없는 것이 아니라 제 소통방법에 좀 문제가 있었다는 걸 깨달았습니다."

⑦ 자동적 사고 해제

 상담자와 리뷰를 통해 이전에는 관찰되지 않았던 과정에 대해 주의를 기울이고 관찰하게 된다. 자동적 사고가 일시적으로 중단되고 이전에는 무의식적으로 보던 것을, 상담자가 제시하는 영상 이미지를 따라가며 자세히 관찰한 것은 일종의 충격적인 경험으로 이어질 수 있다. 이전에는 미처 알아차리지 못한 새로운 것을 발견할 수 있다. 앞으로 변화가 발생할 수 있는 가능성이 생성된다

(Mittenecker, 1987). 영상 재생 중에 슬로우 모션, 장면 정지 등의 영상 기술로 내담자가 기존에 알던 시간의 흐름에 대한 느낌이 깨지고 자동적 사고가 해제될 수 있다. 내담자의 학습 과정을 자극할 수 있다(Schepers. G. & König. C., 2000).

> "아이가 저랑 말하기 싫어하고 화만 낸다고 생각했습니다. 그럴 때마다 제가 많은 것을 설명하는 경향이 있었습니다."
> "아이에게 똑같은 내용을 계속 반복해서 말하는 것을 깨달았습니다."

⑧ 동기 부여

> "앞으로 명명하기를 좀 더 해야겠습니다."
> "제 표정이 딱딱한 걸 알게 되었는데 좀 더 밝은 표정을 지으려고 노력합니다."

영상이 주는 효과는 영상이 촬영되었다는 사실만으로도 문제를 명확히 인식하는 기회는 가져올 수 있다. 상담 개입 즉, 영상 이미지에 기반한 행동 관찰, 진술, 반응을 다룰 때 더 큰 변화를 가져올 수 있다. 영상 컷은 비로소 영상 이미지가 되어 내담자에게 '꽃'이 된다. 예를 들어 상담자의 안내에 따라 가정에서 영상을 촬영하기 시작한 후 아이 입장에서는 부모로부터 더 관심을 받게 되었다고 기뻐하면서 성격이 활달해지고 짜증을 덜 낸다고 하는 경우가 있다. 부모가 영상 촬영을 시작하기 전에 집 안 청소를 하는 등 부가적으로 긍정적 효과를 가져오기도 한다.

"아이가 카메라 촬영하자면 매우 기뻐해요."
"카메라 촬영을 하기 위해 모든 가족들이 카메라맨 등 역할을 정했어요."
"촬영한 영상을 아이가 집에서 자주 보고 재미있어해요."
"아이가 카메라 촬영놀이 하자고 해요."

이와 같이 영상 이미지에 기반한 상담 개입이 아직 진행되기도 전에 아이들은 촬영하던 순간에 대해 즐거운 회상으로 여기고 일상생활에서 긍정적인 이야깃거리가 될 수도 있다. 긍정적 이미지에 기반한 기억이다.

상담 과정에서 영상 이미지에 기반한 자신의 바람직한 행동을 볼 경우 가장 자세히 눈여겨본다. 이것은 스스로의 변화를 확인해나가는 과정에서 강한 동기부여를 가지게 한다. 더불어 실생활을 촬영한 장면에 대한 상담 개입은 자기 통찰을 가져올 수 있다. 일상적인 가정생활 장면에 대해 상담 개입이 동반된 영상 이미지는 자기 통찰을 가져올 수 있다.

"만일, 상담 개입 없이 영상을 보았다면 제가 무엇에 관해 집중적으로 봐야 할지 알기가 어려웠을 겁니다. 다양한 장면을 보긴 했지만 제 자신의 변화된 행동이 아이에게 어떤 영향을 미치는지 미처 알아차리지 못했을 겁니다."
"지금 선생님과 이 장면을 보니 새롭군요. 촬영 후 저도 한번 보았는데 선생님이 보여 주시는 장면을 통해 제가 기다려주고 칭찬해주자 아이의 입꼬리에 미소가 지어지는 것을 보았습니다. 앞으로 아이를 대할 때 여유있게 기다려주고 잘하는 것을 칭찬해주고 싶습니다."

이렇듯 상담개입이 동반된 방법은 문제에 대한 명확한 인식뿐만 아니라 부모의 바람직한 양육 태도가 아이에게 미치는 긍정적 영향을 눈으로 확인하고 행동 변화에 대한 동기를 더 높일 수 있다.

제 4 장

마테 메오 상담

제4장에서는 마테 메오 상담에 대해서 다루었다. 마테 메오 상담이란 영상 이미지 관찰에 기반한 강점 발견 지원 방식의 상담 교육 방법이다. 내담자의 일상생활에서 사소하고 작은 성공 경험 즉, 자원과 강점을 새롭게 발견하고 인식할 수 있도록 영상 이미지를 상담접근 도구로 삼는다. 일상생활 상호작용을 카메라로 촬영해서 성공적으로 나타나는 것을 관찰함으로써 내담자의 자원과 강점을 발견하고 확대하는 데 중점을 둔다. 그들의 욕구에 중심을 두고 상담목표에 적합하고 상담치료적 효과가 있는 영상 이미지를 발췌하여 그들의 강점과 리소스를 활성화시킨다. '비디오 상호작용 분석(Video Interaction Analysis)', '3W 상담 시스템(3W Counselingsystem)'으로 접근하는 '리뷰(Review)' 상담을 전제로 한다. 마테 메오 상담 과정에 대한 자세한 설명은 제4장 '2. 마테 메오 상담 과정'에서 살펴볼 수 있다.

> # ① 마테 메오 상담이란

(1) '자신의 힘' 강점을 깨운다

인간의 성장과 발달을 지원하고 행복감을 느끼고 누리는 기회를 제공하는 것은 곧 일상생활 속에서 개인 간의 상호작용의 질을 향상시키고 개선시키는 것이다. 마테 메오 상담은 개인 간의 상호작용을 향상시키는 일에 도움을 주는 데 중심을 둔다. 개인의 성장발달을 지원하고 성장과 웰빙을 위한 기회를 창출해 줄 수 있는 것은 상호작용의 질적 수준에 달려 있기 때문이다. 마테 메오 방법의 주요 핵심은 이와 같은 기회를 인식할 수 있도록 중점을 둔 가운데 사람들의 삶의 질을 향상시키는 데 도움을 주는 것이다. 마테 메오는 영상 이미지에 기반(Video Image based)한 상담 방법으로 성장발달을 지원하는 방법에 대해 상담 및 조언을 제공한다(Aarts. M., 2002). 마테 메오 개념은 우선 개인의 강점(one's Strength)과 자원(Resources)을 관찰, 발견한 후 그 자원을 활용하여 강점을 강화하고 활성화하는 데 목표를 둔다. 강점과 자원에 기반한 영상 이미지 상담법이다. 마테 메오 작업을 통해 얻은 경험이 많으면 많을수록 내담자는 자연스럽게 우리 모두 자신만의 강점과 자원이 있다는 것을 알아차리고 발견하여 자신의 성장 과정에 활용하게 될 것이다. 어떤 문제가 있거나 발생한다면, 자신의 강점을 더 깨우고 자원을 활성화시키는 노력을 하면 된다. '자신의 힘', 그것이 가장 핵심적인 것이다(Aarts. M., 1995).

(2) 영상 이미지를 기반한 상담이다

마테 메오는 부모, 가족 및 전문가들에게 아동, 청소년 및 성인이 생애 주기 중 각 단계마다 개별적으로 중요한 발달 과제에 대처할 수 있도록 지원할 수 있는 방법에 대해 상세하고 실용적인 정보를 제공하고자 한다. 이와 관련한 정보는 일상적인 상호작용에 대한 짧은 영상 클립을 미세하게 분석하여 얻은 것이다. 이 방법의 목표는 부모, 가족 및 전문가들이 '영상 이미지'를 기반으로 사용하여 지지적 상호작용 및 의사소통 기술을 자연스럽게 인식하고 행동지향적으로 그 방법을 구현하고 개발하여 일상적인 상호작용에서 의식적으로 사용할 수 있도록 돕는 데 있다(Aarts. M., 2002). 일례로 아동의 문제행동에 반응하는 부모의 행동측면을 관찰하는 데 사용할 수 있다. 부모와 자녀의 상호작용에 대한 영상 클립 중 강점과 자원을 찾아 그들에게 보여 주고 특정한 의사소통 기술로 인한 긍정적인 효과를 가시화해 줄 수 있다. 이를 통해 긍정적 의사소통 기술과 상호작용을 이해할 수 있게 되며 영상 이미지 속 자신을 롤 모델(Role Model)하여 긍정적 행동 학습을 활성화해 나갈 수 있다(Hawellek. C., 1997).

(3) 마테 메오는 개별 맞춤형이다

마리아 아츠는 마테 메오 상담이 한 가지 형태로 정해져 있는 것이 아니라 내담자 개별 맞춤형이어야 한다고 강조한다(Aarts. M., 2002). 마테 메오 영상 이미지에 기반한 접근을 통해 내담자가 처해진 상황에 대해 구체적으로 파악함으로써 상담 및 조언이 명확해진다. 또한 여러 다양한 상황에서 필요한 대안적 행동들을 개발하도록 돕고, 자신의 행동으로 인한 결과나 효과를 직접 눈으로 볼 수 있도록 기회를 마련해 줄 수 있다. 내담자의 욕구에 중심을 두고 상담자는 그들의 욕구를 더 잘 이해하기 위해서 자신의 전문성을 함양해야 한다(Aarts. M., 2005). 일례로 상담사가 내담자에게 제시하는 영상 클립은 상담목표에 적합하고 그 치료성과 더불어 전달하는 언어 방식 또한 분명해야 한다. "당신의 영상을 통해 당신이 자녀에게 얼마나 양질의 양육을 제공하고자 하는 노력을 보게 돼서 기뻤습니다." 이와 같은 방식으로 내담자가 자신을 '롤 모델'로 삼을 수 있도록 접근하는 것이 그들에게 매우 강력한 효과를 줄 수 있다. 그들의 리소스를 활성화(Resource activation)시키는 것은 상담자의 전문성에서 비롯된다.

(4) 강점과 자원을 활성화한다

내담자의 강점과 자원을 활성화시키기 위한 영상 이미지에 기반한 마테 메오 상담은 일상생활 속 상호작용에 대해 짧은 영상 클립 촬영과 분석으로 성공적 상호작용이 일어나는 '반짝이는 순간'을 추출하여 내담자에게 보여 주면서 일상 속에서 다른 사람들과 원만하게 의사소통할 수 있도록 도울 수 있다. 이 상담 방법은 영상 이미지에 기반하여 상호작용에 대한 단계적 미세 분석과 성공적이고 의미 있는 순간에 대해 매우 정확한 관찰을 필요로 한다. 무엇보다 일상생활을 중심으로 일어난 상호작용을 다루기 때문에 즉시 반영하고 실생활에 바로 적용할 수 있어서 실용적이다.

이때 사용하는 영상 이미지에 기반한 자기 직면은 내담자에게 변화에 대한 동기를 부여하고 기존 자신의 자원을 활성화시키는 효과를 나타낼 수 있다(Ellgring. J. H., 1989). 자신이 원하는 바람직한 행동 구현을 통해 빨리 학습할 수 있음을 의미한다. 일반적으로 학부모 교육 시 영상 매체 활용은 필요한 정보를 전달하는 데 효과적인 도구로 나타났다. 추가적인 효과로는 부모의 행동에서 긍정적인 변화와 함께 자신의 능력에 대한 부정적 자기평가가 동시에 나타나는 것 또한 밝혀졌다. 이럴 경우 왜곡된 자기 이미지를 수정하는 데 도움이 될 것으로 추측된다. 마테 메오 상담은 내담자에게 자신의 강점과 자원을 가시화해서 제시하고 그 모습을 의미 있게 내면화함으로써 그들의 삶에 긍정적 변화가 일어나길 기대한다.

(5) 관찰주도적 상담으로 관점의 전환을 가질 수 있다

현재 여러 분야에서는 영상 매체 사용에 대한 영향 연구가 활발히 진행되고 있는 반면에 상담 및 치료 분야에서 영상 매체 사용 효과에 대한 연구는 덜 활발하다. 이에 영상 매체를 통한 '자기 직면'의 효과에 대해 신뢰할 만한 진술을 얻기가 어렵다(Mittenecker. M., 1987). 그 중요한 이유는 영상 매체적 자기 직면은 일반적으로 보조 수단으로만 주로 사용되었기 때문이다. 효과에 대한 기여 정도는 상담 방법의 특별한 방식과 분리될 수 없다. 영상 클립을 전달하는 특별한 언어적 방식과 관계가 있다. 상담목표 달성에 대해서 전반적으로 긍정적인 영향을 미칠 수 있는 것은 단순히 영상 매체의 사용에 기인하기보다 영상 이미지에 기반한 마테 메오 상담 방법에 있다. 이 방법은 자신의 모습에 대해 메타 관점을 가질 수 있게 한다(Hawellek. C., 2012). 이에 리뷰(Review) 상담 시간에 영상 이미지에 기반해서 자신을 '배우'로 인식하고 자신의 행동에 대해 개인적, 인지적, 정서적 요인과 관련하여 인과 관계를 부여할 수 있다. 또한 리뷰 상담 시간에 제시하는 영상 이미지는 내담자가 출연하는 영상 속 상대와 상호작용 중에 보이는 자신의 자세와 감정 상태에 대해 생각해 볼 수 있는 기회를 마련해 준다. 영상 이미지는 관찰을 위해서 반드시 쌍방향의 상호작용을 포함하고 있어야 한다. 비디오 상호작용 분석법은 항상 쌍방향의 의사소통을 다룬다. 만일 부모만 이야기하고 있는 영상 클립이라면 상호작용의 맥락과 다르다. 단순 영상 모니터링이 되어 버릴 것이다. 이렇듯 내담자의 기억에 근거한 언어적 진술과 달리 영상 이미지에 기반한 자신과 상대 간의 상호작용에 대한 관찰은 있는 그대로 정확하게 관찰할 수 있는 장점이 있다. 예를 들어 어떤 한 아이에 대해 부모가 "우리 아이는 과잉행동적이에요"라고 언어적으로 진술한 것과 그 모습을 실제로 촬영한 영상 클립이 있다면 그 매체의 도움으로 '과잉행동적'이라는 개념에 대해 좀 더 정확한 관찰이 가능하고 그 개념을 구체화할 수 있을 것이다. 또한 아이의 '과잉행동'에 반응하는 부모의 양육 방법도 관찰할 수 있다.

영상 이미지는 자신과 상대의 문제에 대해 '제3자적 관점'으로 관찰할 수 있도록 돕기 때문에 상호작용에 대한 관점의 변화를 가져올 수 있으며 이것을 '프레임'의 변화라고 한다(Schepers. G. & König. C., 2000). 영상 이미지를 통해 보이는 자신에게 거리를 두고 관찰함으로써 상호작용하고 있는 상대방의 입장에 대해 공감하고 자신이 행사하는 영향력에 대해서 더 인식할 수 있다. 영상 이미지에 기반한 관찰 주도 기법은 현실을 자각하고 확인하며 자신의 오래된 이미지를 업데이트하는 데 적합하다. 이때 상담자의 주요 역할과 기능은 내담자로 하여금 '주의를 기울이고 무슨 일이 일어나고 있는지 집중 관찰'할 수 있도록 돕는 것이다.

(6) 새로운 해석이 일어난다

 물론 내담자 자신이 등장하는 영상을 보는 순간 지나간 과거의 문제 상황이 떠오를 수 있다. 그 기억이나 감정은 지금(Now), 여기(Here)에서 살아난다. 그러나 영향을 받는 사람들은 더 이상 그 상황의 참여자에만 머물지 않고 이제 그 상황에 대한 관찰자의 위치에 서게 된다(Hawellek. C., 1995). 문제 상황에 대한 내적 경험이 가능한 동시에 상담 공간이라는 치료적 환경에서 관찰자의 위치는 상담자의 협력과 조력을 통해 문제 상황을 재인식할 수 있는 거리를 둘 수 있다. 영상 이미지를 통해 보여 주는 상황, 문제, 의사소통 방법 등에 관해 관찰하고 지각함으로써 새로운 해석이 일어날 수 있다. 영상 이미지에 기반한 리뷰 상담 시간은 문제의 특정한 순간을 안전하게 활성화시켜 준다. '문제를 실제 경험한 환경 속에서 가장 잘 해결된다'(Grawe. K., 1995)는 의미에 해당된다. 문제 상황을 보여 주는 영상 클립보다 더 정확하게 그것을 다시 경험할 수 있도록 하는 것이 있는가? 기억에만 의존하지 않고 실제 상황을 다시 볼 수 있게 하는 현실적인 매체이다. 영상 클립과 이미지는 지금, 여기에서 그 문제를 안전하게 '경험'할 수 있도록 돕는다. 과연, 영상이 문제에 스스로 접근할 수 있도록 문제 상황을 정확하게 보여 줄까? 내담자는 그것을 정확하게 다시 볼 수 있을까? 라는 의문이 생길 것이다. 이에 상담자의 전문적인 접근과 진행 방식이 가장 중요하게 작동한다.

보여 주는 게 다는 아니다. 무엇에 관해서(About) 보는 것 이상으로 내면(In)에 와닿아야 한다. 내면세계에 접촉할 때 비로소 자신의 실제 경험이 될 것이다. 영상 이미지에 기반한 리뷰 상담은 그 장면에 대해 자신이 경험했거나 이해한 맥락이나 배경에 대해 이야기하고 다룬다. 중요한 장면에 대한 공감적인 이해와 재경험은 상담 치료 작업을 통해 자신의 이야기를 생각해 보고 사건을 새롭게 재구성하게 하여 이야기하면서 그 의미를 재발견하고 새로운 관점을 열어 줄 수 있다. 새로운 해석이 일어난다. 업데이트되는 것이다. 자신에 대한 이해와 수용을 확대시키고 새로운 대안적 행동 방안을 이끌어 낼 수 있다.

(7) 문제 해결에 적극적이다

문제 해결에 대한 적극적 도움이란 내담자가 자신이 당면한 문제를 잘 해결할 수 있도록 '자신의 힘'을 발견하고 사용할 수 있도록 지원하는 것이다. 내담자로 하여금 '자신의 힘'으로 대안적 방법을 모색하고 찾도록 촉진시키는 데 초점을 둔다. 마테 메오 접근 방식은 내담자가 자신의 문제를 식별하고 확인하고 인정하며 또한 자신의 긍정적 자원을 발견하고 그것의 활성화를 돕는다. 이 단계 후에 내담자에게 필요한 대처방법을 포함한 상담 및 조언을 제공하여야 한다. 처음부터 대처방법을 제시하기보다 스스로가 발견하도록 돕는 데 초점을 두고 반드시 필요한 정보만을 제공한다. 마테 메오 상담은 내담자 스스로 자발적이고 적극적으로 참여하는 방식이다. 예로 부모가 자녀의 특성에 맞게 자신의 양육방식 또는 특정한 행동을 바꿔야 한다고 생각한다면 갑자기 모든 행동을 바꾸기보다 우선은 '행동의 한 측면'부터 바꾸는 것이 중요하다는 것을 스스로 알아야 한다(Aarts. M., 1995). 한꺼번에 많은 양의 정보를 제공하기보다는 단계별로 필요한 대처 방안을 구체적으로 제시하고 가급적 실생활에서 적극적으로 그 방법을 구현해 보고 카메라로 영상 촬영하여 리뷰 상담 시간에 내담자 자신의 문제 해결 능력을 확인해 볼 수 있도록 돕는다.

(8) '차이'를 만드는 '차이'를 발견한다

내담자에게 영상 이미지를 제시하는 방식은 문제중심적이기보다 해결중심적이고 긍정적이어야 한다. 이때 내담자 자신이 생각하는 이미지와 상담자가 제시하는 이미지가 만나게 된다. 자신에게 기대하는 것과 영상 이미지를 통해 실제로 보여지는 것 사이에는 차이가 있을 것이다. 그냥 보는 것과 관찰하는 것의 차이는 마테 메오 상담방식에 달려 있다. 이제 그 특별한 방식에 따라 보여지는 것은 '적당하게 좀 다르게' 보이는 사건이 된다. 이것은 내담자를 위한 새로운 정보 즉 '차이를 만드는 차이'를 생성할 수 있다(Bateson. G., 1985). 그 차이가 내담자에게 '적절하게 특이한 것'이어야 한다.

관찰로 특이하게 여겨지는 것이 자신이 생각하는 일반적인 것과 약간 차이가 나는 경우가 적당하다. '특이한 것'이 너무 비정상적으로 다르게 관찰될 경우 일부 수용하기가 어려울 수 있다. 적절하게 특이한 것이어야 한다. 내담자에게 가장 적당하게 여겨지는 정도의 차이가 이후 변화의 차이를 만든다. 이런 의미에서 영상 이미지가 내담자의 일상생활을 담고 있어야 하는 이유이기도 하다. 즉 내담자의 경험적 세계와 연결성이 있어야 하고 영상 이미지의 차이는 자신의 강점과 자원을 새롭게 볼 수 있도록 돕는다. 이전에 보이지 않았던 또는 보지 못했던 자신 및 다른 사람의 자원 발견을 통해 특정한 행동양식을 변화시킬 수 있다. 이에 상담목표에 적합하게 선택된 '반짝이는 순간'을 제시함으로써 내담자는 그 '차이'를 통해 새롭고 긍정적인 정보를 인식할 수 있으며 일상생활에서 실천해 볼 수 있다.

(9) 아주 작은 순간을 다루고 작은 것부터 실천한다

영상 이미지에 기반한 상담에서 '반짝이는 순간'으로 보여 주고 다루는 것은 일상생활에서 아주 작고 눈에 띄지 않는 순간들이다. 대부분 일반적이고 미시적인 사건들로 거의 눈에 띄지 않는 것이다. 이 '순간'의 개념은 아주 작지만 살아 있는 이야기들이다. 내담자의 경험과 연결해서 이어지는 내러티브로 이야기를 풍부하게 할 수 있다. 대부분의 그 순간들은 아주 짧지만 상호작용하기에 충분한 시간이다. 그 순간에 대해 중요하게 다룰 때 '3W 상담 시스템'에 기반한 질문법이 효과적으로 사용될 수 있다. 미세한 사건 또는 짧은 순간을 구조화할 수 있으며 '반짝이는 순간' 즉 성공적 상호작용이 일어난 이유를 설명하는 데 적합하다.

그 순간을 이야기로 구성하려면 그 순간에 대해 새로운 것과의 만남이 일어나야 한다. 하나의 사건이 일어나야 한다. 지각적으로 새로운 것, 이례적인 것을 경험해야 한다는 의미다. 그 경험 안에서 감각은 의식의 흐름을 방해하고 새로운 형태의 경험이 일어난다. 무의미한 순간이 의미 있는 순간이 되는 것이다.

이제 내담자의 발전에 도움이 되는 아주 작은 순간을 발견하고 상담 때 집중할 수 있는 방식으로 제시하려면 상담자의 전문적인 자세와 태도, 노력이 필요하다. 상담목표에 적합한 장면 즉, '반짝이는 순간'을 찾는 것 못지않게 제시하는 방법도 매우 중요하게 작용한다. 아주 작은 순간을 재설계할 때 제공하는 상담 및 조언은 대안적이고 새로운 관계 경험과 패턴의 개발에 도움을 줄 수 있다. 아주 작은 순간을 다루고 사소하고 작은 것부터 실천할 수 있도록 조력한다.

내담자에게 맞게끔 변화의 '용량'을 조절해야 한다. 대부분의 내담자들은 단계별로 아주 짧고 분명한 영상 이미지를 관찰할 때 얻는 점이 많았다고 하였다. 한 번에 많은 양은 수용하기 어렵다. 내담자가 한 주 동안 특정 상황에서 취할 행동에 대한 과제를 주며, 가급적이면 '자신'을 모델로 설정할 수 있도록 격려한다. 그렇게 할 경우 후속 영상을 촬영하기가 용이하다. 막연하게 '또 찍어 오세요'는 금물이다. 문제 해결에 대한 적극적 도움이란 상담자가 내담자에게 계속해서 지금까지 노력해 온 것을 확인시켜 주는 것이다. 노력해 온 것은 고스란히 영상에 담겨 있다. 작은 것부터 실천한 것에서 다시 '반짝이는 순간'을 보여 주는 것이다. 자신의 긍정적 행동에 대한 재경험이 이어진다.

(10) 동기 부여에 도움이 된다

아무리 내담자가 '자신의 힘'으로 자신의 문제를 해결하는 능력이 있다고 하더라고 동기가 부여되지 않으면 변화를 이루기가 어렵다. 상담에 대한 긍정적인 효과를 달성하기 위한 치료적 형태의 원리는 내담자의 상태와 삶의 상황을 능력 관점이 아니라 동기 관점에서 보아야 한다는 것이다. 어떻게 느끼는지, 어떤 이유로 다르게 행동하지 않고 이와 같이 행동하는지 등(Grawe. K., 1995) 스스로를 동기 부여하기 위한 조건들이 있다. 어떻게 스스로를 동기화시킬 수 있는 조건들을 만들 것인가? 영상 이미지에 기반한 동기 부여는 '성공적 순간'에 대한 관찰을 하도록 자극하여 상담목표로 향하게 하는 데 도움이 된다. 이에 상담목표에 가장 적합한 영상 이미지가 제시되어야 하는 이유이기도 하다. 내담자의 어떠한 욕구를 동기 부여시킬 수 있는가? 그 내용에 초점을 맞춘 영상 이미지가 제시 되어야 한다. 이것은 개인이 경험하는 현재 상황과 맥락에 대한 의미 변화와 재구성, 새로운 발견의 기회를 제공할 수 있다. 또한 자신의 목표를 성취하고 싶은 욕구와 동기가 자연스럽게 유발되고 활성화되며 나아가 새로운 통찰을 얻을 수 있다.

영상 이미지에 기반한 마테 메오 상담은 '비디오 상호작용 분석(Video Interaction Analysis)', '3W 상담 시스템(3W Counseling system)'으로 접근하는 '리뷰(Review)' 상담을 전제로 한다. 내담자와 상담자 간의 치료적 관계와 그 안에서 경험할 수 있는 서로에 대한 감사, 그리고 개인의 고유성에 대한 존중, 상황에 대한 충분한 이해는 모든 긍정적인 발전을 위한 일종의 매개체로 가장 기초적인 전제 조건인 것 같다. 이와 같은 전제 조건이 긍정적인 효과의 기초가 되지 못한다면 내담자는 아마도 적극적 문제 해결 지원을 거부하거나 기꺼이 받아들이지 않을 수 있을 것이며 상담 시간은 단순히 의사소통 기술을 익히는 시간으로 변질될 수 있다.

② 마테 메오 상담 과정

 마테 메오 상담은 내담자의 강점과 자원에 기반하여, 영상 이미지를 통해 성장발달에 필요한 정보를 다양하게 제공한다. 영상 미디어에 기반한 시각적 정보는 내담자로 하여금 일상생활에서 '자신의 힘'과 방법으로 자신의 목표를 달성할 수 있도록 돕는다(Hawellek. C., 2017). 내담자의 문제나 심리적 어려움의 정도에 따라 다음과 같은 '치료적 과정'으로 진행된다(Hawellek. C., 2008). 상담목표는 내담자의 욕구에 중심을 두고 상담자와 내담자가 상호 협의하여 정한다.

1) 인테이크 상담
2) 첫 번째 영상 촬영을 통한 관찰
3) 비디오 상호작용 분석
4) 영상 이미지에 기반한 리뷰 상담과 3W 상담 시스템

상담목표와 회기 설정에 따라 첫 번째 영상 외에 마테 메오 기본 요소 과제를 실천하고 영상을 촬영하는 것을 상담 과정에서 여러 번 반복해서 진행할 수 있다. 카메라 촬영을 통한 영상 이미지에 기반한 관찰 기법을 통해 내담자가 실제 살아 가는 공간에서 사람들과 상호작용하는 모습을 분석하고 대면 상담은 상담센터로 내방하거나 가정으로 방문해서 진행할 수 있다. 초기 인테이크 상담 후 며칠 이내에 영상 녹화물을 제출하고 비디오 상호작용 분석(Video Interaction Analysis) 후 리뷰(Review) 상담이 진행된다.

1) 인테이크 상담

뷘더 외 공저(Bünder. P. 외 공저, 2009)에 의한 마테 메오 상담 방법은 다음과 같다. 마리아 아츠는 상담자가 내담자 및 가족들을 처음 만날 때 우선 신뢰감을 주는 편안한 분위기를 조성해야 한다고 강조한다. 그녀는 상담사들에게 '커피, 쿠키 및 애완견'과 같은 일상적인 주제 즉, 사소한 이야깃거리에서 시작하라고 한다(Aarts. M. & Rausch. H., 2009). 그런 다음 인테이크 상담에서 현재 당면하고 있는 문제와 해결하기 위해 현재 어떤 조치를 취하고 있는지 탐색 질문한다. 내담자가 달성하고 싶은 구체적인 목표와 기대수준을 결정하고 함께 구체적인 사항들을 정하는 것이 중요하다. 내담자가 자녀와의 의사소통에 어려움을 겪는 부모일 경우 현재 가족들의 상태와 누가 상담에 참여할 것인지 정한다. 이에 따라 자녀가 지금까지 어떻게 성장발달해 왔는지, 진단을 받은 경험이 있는지 여부를 파악하는 것도 중요하다. 상담에 대한 기본적 태도는 부모와 자녀를 돕기 위해 이미 잘하고 있는 것에 대해 좀 더 탐색해 보고 그것을 통해 함께 아이디어를 얻고자 하는 것이어야 한다. 부모가 아직 어렵게 여겨지거나 불만족스럽게 대처하는 상황에서 좀 더 성공할 수 있도록 촉진시키고 이에 필요한 것을 지원하도록 한다. 이때 상담의 목표는 부모가 자녀에게 '부모 스스로 자녀에게 '좋은 부모'로 여겨지는 일들을 더 많이 하도록 장려하는 것이다(Kellermüller. C., 2010: Stockel Nebel. C., 2011).

상담목표는 상담의 초기 과정에서 상담자와 내담자가 협의하여 설정하며, 내담자가 호소하는 문제 속에서 좀 더 나아지려는 욕구를 탐색 및 발견하고 명료화해야 한다. 상담을 통해 성취하고 싶은 것, 변화하고 싶은 것 등에 대해 상담목표를 구체적으로 수립한 후 가장 적합한 영상 클립 및 영상 컷을 선택해야 한다. 내담자의 상담 동기와 목표, 원하는 도움을 정확히 파악하고 있어야 한다. 상담 및 치료 시작 시 일반적으로 필요한 상담 접수 및 안내, 상담자와 내담자 간에 신뢰 관계를 바탕으로 한 상담 진행에 관한 설명 등 구조화는 여느 상담 방법과 동일하다(Hawellek. C., 2017). 상담목표나 영상 과제를 명확히 하는 것 외에도 마테 메오 상담의 방법과 절차, 특히 내담자 자신이 적극적이고 능동적으로 참여할 수 있도록 격려한다.

현실적인 상담목표 합의에 도달하려면 초기 가족 상황, 부모 또는 보호자, 의뢰 기관의 주요 호소, 기대 및 목표에 대해 자세히 탐색한다. 한 회기 또는 여러 회기에 걸쳐 상담을 구조화한다. 다음과 같은 사항을 명확히 해야 한다.

- 주요호소 및 상담 동기
- 가족적 특성에 대한 탐색
- 상담 및 의뢰 사유
- 상담 과정 안내 및 상담 동의

상황에 따라 적절한 질문을 조합하여 다음과 같은 질문을 할 수 있다.

(1) 주요호소

- 현재 내담자 또는 가족이 해결해야 하는 문제는 무엇인가?
- 이 문제가 얼마나 오랫동안 지속되었는가?
- 문제를 해결하기 위해 이미 수행한 노력과 그 결과는 무엇인가?
- 상담을 통해 무엇을 기대하는가?
- 상담 후 무엇이 달라지고 싶은가?

(2) 가족적 배경, 환경적 특성에 대한 탐색

내담자의 문제가 무엇인지, 그것이 어떠한 배경에서 문제가 되었는지를 이해하기 위해 문제가 발생하게 된 가족적 배경이나 과거 성장경험, 문제 해결 동기 및 시도, 성과를 확인할 수 있다.

- 가족구성원은 어떻게 되는가?
- 생활 여건은 어떠한가?
- 재정적 여건은 어떠한가?
- 직업은 무엇인가?
- 영상 녹화 및 상담 가능한 시간은 언제인가?
- 지금까지 아이들은 어떻게 성장해 왔는가?
- 무엇이 적절했고 무엇이 적절하지 않았는가?
- 자녀를 양육할 때 스스로 무엇을 잘하는가?
- 가족들과 어떤 부분에 대해 만족하는가?
- 그 부분은 어떻게 계속 유지되어야 하는가?

(3) 상담목표 설정

현재 분명하지 않은 내담자의 자발적 동기를 좀 더 선명하게 하도록 도와주는 것이다. 상담에 대한 설명과 더불어 내담자가 호소하는 문제의 의미를 파악하여 그 문제와 상담을 연결하여 상담목표를 만들어 가는 과정이다. 또한 내담자로 하여금 문제와 관련된 상황이나 행동과정을 탐색하고 조정하게 하여 스스로 문제 해결을 위한 구체적인 목표를 세울 수 있으며 상담 과정에 적극적으로 참여하게 할 수 있다.

상담 의뢰자가 기관일 경우, 의뢰기관과 내담자의 상담에 대한 목표, 동기, 기대효과의 차이를 탐색한다.

- 누가 마테 메오 상담을 제안하였는가?
- 의뢰자 또는 의뢰 기관에서 내담자가 마테 메오 상담에 참여하기를 원하는 이유는 무엇인가?
- 구체적으로 어떤 상담의 효과를 기대하는가? 그것은 누구의 의견인가?
- 구체적으로 달성하거나 변화해야 할 사항은 무엇인가?
- 의뢰인이나 기관의 아이디어에 대해 어떻게 생각하는가?
- 상담목표가 의뢰인이나 기관의 목표와 일치하는가?
- 양측의 상담목표가 다른 경우 이를 해결하기 위해 어떻게 해야 하는가?

내담자 또는 부모가 직접 상담 신청한 경우,

- 부모 모두 마테 메오 상담에 관심이 있는가? 아니면 어머니 또는 아버지만 관심이 있는가?
- 부모의 공통된 질문이나 고민과 바라는 것은 무엇인가?
- 어머니, 아버지 각자의 고민과 바라는 것은 무엇인가?
- 마테 메오 상담이 끝난 후 두 사람이 가족에게 바라는 점은 무엇인가?
- 어머니, 아버지가 원하는 것은 무엇인가?

(4) 상담 안내 및 동의

a. 상담 과정에 대한 정보 제공
- 마테 메오 상담 과정에 대해 안내한다.
- 내담자의 적극적인 참여와 그것이 나타내는 효과를 설명한다.
- 마테 메오 상담자의 비밀 엄수 의무 및 상담 중 영상 녹화 및 사용에 대한 사항을 안내한다.

b. 상담 협의 및 동의서 작성
- 상담에 참석할 사람은 누구인가? 부모 모두 또는 한 부모인가?
- 관련된 모든 사람들에게 영상을 녹화하는 이유를 설명해야 함을 안내한다.
- 필요시 비밀 엄수 의무를 고려하여 의뢰자 또는 기관에 대한 피드백, 정보 제공, 보고의 형태를 협의한다.

이렇게 자세히 안내한 후에는 내담자에게 충분히 생각할 시간을 갖도록 한다. 상담을 결정하기 전에 안내받은 내용을 검토하고 논의하는 것이 바람직하다. 그러나 내담자가 직접 상담 약속을 하고자 하는 경우 이를 거부해서는 안 된다. 마테 메오 상담을 결정하면 서면계약 즉, 상담에 필요한 제반 서류 작성, 즉 상담 동의서, 비밀 보장 원칙에 대한 서약서 등 작성이 이루어진다. 덧붙여 상담 횟수, 소요 시간, 상담비 등에 관한 사항도 포함된다. 일반적으로 영상 촬영에 대한 내용과 다음 상담회기 일정 협의가 이루어진다.

마테 메오 영상 촬영 및 사용에 관한 제반 사항 안내와 유의사항에 대해 알려 준다. 영상 촬영 작업은 내담자의 개인정보 보호와 관리에 관련된 법을 준수하고 사생활과 비밀 유지에 있어 내담자의 권리를 최대한 존중해야 한다. 개인정보보호법상 개인정보 수집에 대한 동의를 반드시 구하도록 한다. 무엇보다 믿음과 신뢰를 주는 상담관계가 형성되도록 한다.

마테 메오 부모자녀 상담에서 주요하게 여기는 것은 자녀에게 이로운 방향으로 적극적으로 임하려는 부모의 의지다. 만일 부모가 자발적으로 자녀를 대하는 방식의 변화에 적극적으로 임할 수 없는 경우, 예를 들어 양육 행동과 관련하여 학습 및 개발 과정에 참여하려는 노력과 의지는 여러 가지 이유로 제한될 수 있다. 지적 능력이 심하게 제한된 부모, 현재 심각한 신체적 또는 정신적 질병 및 심한 우울증에 걸린 부모, 자신의 문제가 너무 많아 자녀를 돌볼 여력이 없는 부모 등 이와 유사한 경우에도 상태 평가 후 다른 상담 및 개입 방법이 우선되어야 할지 병행되어야 할지 판단해야 한다. 기본적으로 안전한 양육 환경이 조성되어 있어야 하며 아이와 함께 여가 시간을 보낼 수 있어야 한다. 부모가 실제로 아이들의 성장발달을 다룰 수 있는 시간과 관심, 힘이 있을 때 가능하다. 이러한 전제 조건이 충분히 충족되지 않으면 마테 메오 상담 효과는 제한적일 수 있다.

아동의 신체적·정신적 안전이 심각하게 위협받거나 저해받는 경우 마테 메오 상담을 우선적으로 선택하지 않는다. 위험과 피해로부터 아동을 최우선적으로 보호하여야 한다. 또한 영상 매체로 인해 부정적 영향을 받았거나 트라우마 경험이 있는 경우, 사생활을 침해받거나 영상 매체 폭력에 노출되거나 사용한 경험이 있는 경우에도 신중하게 영상 미디어 활용 방법에 대해 심사숙고해야 한다. 이러한 경우 자칫 심하게 재트라우마를 유발할 수 있다. 혹시 상담 과정 중에도 이와 같은 상황이 명확해지면 영상 재생을 정지하고 내담자와 함께 적절한 해결 대안을 찾아야 한다. 영상 촬영이나 녹화가 없는 상담 방법 또는 다른 상담 및 치료 방법으로 전환하는 것이 바람직하다.

첫 번째 영상 촬영을 통한 관찰이 이루어지기 전에 부모는 자녀에게 상담 시작과 상담을 결정한 이유에 대해 알려 주도록 한다. 많은 부모들이 새로운 상담을 시도하기 위해 아이들에게 무엇을, 어떻게 설명해야 할지 확신이 서지 않는다. 자녀에게 구체적으로 무엇을 말할 수 있는지 사전에 논의할 수 있다. 예를 들면 다음과 같다.

"요즘 우리 집 분위기가 좋지 않다는 느낌이 든단다. 우리는 무언가를 바꾸고 싶지만 그것이 어떻게 우리 스스로 할 수 있는지 정확히 모르겠구나. 그래서 우리 가족 모두가 좋아지고 다시 행복해질 수 있도록 도와줄 상담을 받기로 했단다. 우리에게 필요한 상담과 조언을 받기 위해 우리 집에서 필요한 영상을 촬영해서 도움을 받으려고 한단다."

처음부터 가족들을 적극적이고 능동적으로 참여시켜야 한다. 특히 아이들은 자신들이 진지하게 받아들여지기를 원한다. 따라서 처음부터 상담에 대한 필요성과 동기를 설명하고 함께 동참하도록 한다. 아이들이 촬영된 영상을 보고 싶다고 하면 가정에서는 보도록 할 수 있다. 하지만 일반적으로 리뷰 상담 시간에는 부모를 위한 상담 시간이므로 가능한 한 상담목표에 적합한 영상 이미지를 제공하도록 한다.

상담회기 설정은 내담자의 관심과 참여도, 학습 속도의 복합성에 따라 정한다. 영상 촬영 후 후속 상담하기까지 시간 간격에 주의해야 한다. 가능하면 두 일정 사이에 1주일 이상을 넘기지 않는 것이 유용한 것으로 입증되었다(Bünder. P. 외 공저, 2015). 최근에 녹화된 영상일수록 내담자나 가족들의 호기심과 관심이 크게 작용한다. 영상 녹화와 상담 사이의 시간 간격이 3주 이상 지나면 상담 과정은 관련성과 집중의 강도가 낮아지게 된다.

2) 첫 번째 영상 촬영을 통한 관찰

부모와 자녀의 경우에는 이들이 자유롭게 놀이하는 상황과 규칙에 기반해서 무언가 수행하는 상황에 대해 약 5분 내외로 짧게 촬영한 영상으로 시작한다. 이를 '구조적 및 비구조적 관찰 영상'이라고 부른다. 일상에서 가족의 상호작용 및 의사소통 중 가장 우세한 패턴의 상태와 수준을 파악할 수 있다. 일반적으로 아이들은 부모에 의해 과업을 수행해야 하는 구조적 상황에 자주 놓여 있다. 그들에게 비구조적 상황, 즉 자유롭게 놀이 하거나 활동할 수 있는 기회를 더 많이 만들어 주어야 한다.

(1) 비구조적 상황 5분 내외(자유 놀이 시간)

비구조적 상황이란 특별한 요구사항 없이 아이들 스스로 놀이를 통해 재미와 즐거움에 중점을 둔 상황이다. 놀이와 재미 지향적인 상황을 보여 준다. 아동의 발달적 측면에서는 놀이 위주의 상황에서 스스로 자신의 아이디어를 표현하고 자유롭게 의사 결정을 내릴 수 있는 것이 중요하다.

(2) 구조적 상황 5분 내외(양치 시간, 식사 시간 등)

구조적 상황이란 규칙 기반 또는 작업 수행 지향적으로 아이들이 참여하고 수행해야 하는 것에 중점을 둔 상황이다. 규칙이나 특정 지침에 따라 과제를 수행해야 하는 모든 순간을 의미한다. 즉 함께 식사를 하거나 숙제를 하는 등의 수행 작업은 보호자에 의해 규제된다. 과제 수행 위주의 상황에 대해서는 부모의 충분한 지도력과 통제력이 확보되어야 한다.

위 두 가지 영상을 토대로 부모와 자녀의 상호작용 상태를 파악하고 그들의 성장발전을 촉진하는 데 적절한 상담 방향을 정할 수 있다. 또한 초기 비디오 상호작용 분석을 통해 부모의 강점과 역량이 어느 부분에서 가시화되는지 알아볼 수 있다. 부모의 공통적 또는 개별적 의사소통 기술을 알아볼 수 있으며 그들이 어떻게 상호 협력하는지 무엇을 어려워하는지 파악할 수 있다. 자신에 대한 영상 이미지를 관찰하는 것은 적당한 거리감을 두고 객관적으로 볼 수 있기 때문에 긍정적 행동 변화에 미치는 영향이 유익하게 작용하는 것으로 보인다. 물론 초기에는 누구나 무의식중에 자신의 부정적인 모습을 찾는 경향이 있다. 우리가 영상 이미지를 통해 하고자 하는 것은 '원만하게 작동하는 것'을 발견하는 것뿐만 아니라 '잘 작동하고 있는 영상 이미지'가 자신의 내면과 원만하게 연결될 때 자신에 대해 긍정적일 수 있다는 것이다. 이에 마테 메오의 전문적인 접근이 필요하다.

영상을 촬영하는 상황은 예를 들어 아이와 자유롭게 놀이하는 상황으로 가능한 한 환경적 스트레스가 없어야 한다. 촬영 장소는 조용하고 소음이 없는 곳이 적당하다. 내담자의 일상적인 환경이 드러나는 곳이 적당하다. 즉, 집, 놀이터, 어린이집, 학교 수업 시간 등이 대표적이다. 어떤 상황과 장소를 상담의 기초로 기록하느냐에 따라서 어떤 가족구성원이 참여하는가는 내담자와 함께 상담목표를 정하는 데에 따라 다르다. 마테 메오 사례에 따라서 내담자와 주요하게 상호작용하는 대상자로 자녀, 배우자, 동료, 커플, 가족이 가능하고 직업적인 상황에서 촬영할 경우에는 동료, 종사자의 대상자가 될 수 있다. 이때 유의사항으로는 관련한 등장인물의 행동, 표정과 목소리가 영상에 나오도록 찍는다. 서두르지 않아야 하고 별도의 촬영자가 있을 경우 촬영하는 상황이나 내용에 관여하지 않도록 한다.

영상 촬영 후 아동의 경우 자신이 촬영된 내용이 평가절하되거나 부정적으로 노출되는 상황이 절대 일어나서는 안 된다. 예를 들어 부모의 절박한 관심사는 아이가 숙제를 성실히 끝까지 잘 마치는 것이라고 한다면 이러한 상황을 첫 번째 영상으로 촬영해서는 안 된다. 그 대신 식사나 놀이와 같이 가능하면 온 가족이 자유롭게 참여하는 상황을 선택하는 것이 바람직하다. 영상 미디어의 도움으로 가족들이 어렵다고 묘사하는 아동의 행동이나 상황을 더 잘 파악할 수 있다. 이를 위해 일상에서 발췌한 영상 장면을 사용한다. 장시간 촬영한 영상은 적합하지 않다. 일반적으로 약 5분 내지 10분의 촬영도 충분하다. 더 긴 영상이라 할지라도 동일한 의사소통 패턴의 반복이기 때문이다. 마테 메오 상담에서는 가족 간에 지나치게 문제중심적 상황을 촬영하지 않도록 권한다. 가족의 의사소통 및 패턴은 문제중심적 상황이 아니더라도 짧은 시간 내에 분명히 나타나기 때문이다. 성공적 상호작용의 순간, 즉 우선적으로 강점과 자원을 발견하는 데 중점을 둔다.

첫 번째 영상 촬영 예시 '부모 자녀 상호작용'

- 아동의 성장발달 단계 수준 및 필요로 하는 발달 과제가 있는가?
- 부모 자녀 간 의사소통에 긍정적, 지지적 행동이 보이는가?
- 이미 개발된 부분과 개발이 필요한 부분이 파악되는가?

🎬 영상 속 어머니가 아이에게 "자동차 놀이 할까?"라고 말하며 장난감을 내밀자 아이가 아무 말 없이 손으로 밀쳐 낸다. 인형을 들고 혼자 놀이에 집중한다. 그러자 어머니는 매우 당황스러워 아무 말도 하지 못한다.

이 상황과 같은 경우에 영상 이미지에 기반한 마테 메오 기법을 사용하여 아이의 성장발달에 중점을 두고 이에 필요한 부모의 의사소통 기술 및 상호작용 방식을 개선시킬 수 있다. 이때, 아이의 일상적인 상호작용 방식과 사회정서적, 언어적 발달 수준을 분명하게 파악할 수 있다. 유의할 점은 영상 이미지를 통한 평가 및 진단은 의료적 진단이 아니며 일반화시켜서도 안 된다는 것이다. 현재 개발된 의사소통 기술과 관련한 가설에 한해 국한시켜야 한다. 긍정적 리소스 개발 중심 상호작용에 대해 각각의 상호작용 순간을 선입견 없이 미세하게 분석한다.

3) 비디오 상호작용 분석

비디오 상호작용 분석을 통해 상담 방향에 대한 기초가 마련되며 이는 반드시 내담자의 강점과 자원 발견에 연결되도록 한다. 내담자의 강점 즉, 이미 개발된 자원은 원만한 상호작용을 위한 기본 요소이기도 하다. 마테 메오 상담사는 비디오 상호작용 분석(Video Interaction Analysis)을 수행하고 상담목표에 적합한 특정한 영상 클립을 선택하고 발췌하여 리뷰 상담 시간에 제시하고 내담자와 소통함으로써 상담 및 조언, 커뮤니케이션을 구성한다. 마테 메오 상담의 긍정적 시작과 과정을 발전시키는 방식은 비디오 상호작용 분석의 질에 의해 크게 영향을 받는다. 영상 이미지를 통해 내담자와 그 대상자 간의 성공적인 상호작용의 순간을 강조할 수 있다면 내담자는 '자신의 힘'을 신뢰하는 데 더 많이 격려되고 지지될 것이다. 이때 상담의 핵심 내용은 의사소통 능력과 기술 향상 그리고 그 의미와 관련된 여러 가지 마테 메오 기본 요소 구현에 있기 때문에 상담목표 설정에 따라서 영상 장면 선택과 상담 방식이 이루어진다.

일상생활 속 상호작용에 대한 중요한 관찰은 비디오 상호작용 분석과 영상 이미지에 기반한 리뷰(Review) 상담을 통해서 내담자의 현실 세계 바탕이 되는 자기성찰로 이어지고 그 성찰은 내면과 실제의 자기 모습에 대한 통찰로 이어진다. 영상 속에 나타나는 자기 모습의 '리얼리티'는 자신과 타인과의 관계, 자신이 속한 환경을 인식하는 계기를 마련하고 참신하고 새로운 직관을 불러일으켜 삶을 대하는 태도, 자신 및 타인과의 관계 맺는 사회적 태도 등의 변화를 가져올 수 있다. 이때 '해야 한다'는 당위적 생각보다 '할 수 있다'는 가능적 생각의 세계로 발 딛는 것을 의미한다. 자신에 대한 고정 관념에 머물지 않고 벗어나서 다양한 관점으로 이동함으로써 긍정적으로 '자신'이라는 대상을 바라볼 수 있다. 이때 우선적으로 반드시 내담자가 현재 사용 가능한 강점과 자원에 연결한다. 이미 가지고 있지만 분명하게 나타나지 않는 유익한 상호작용의 요소들을 분석한다. 그런 후에 더 개발되어야 하는 요소들을 분석한다.

비디오 상호작용 분석을 사용해서 내담자(부모 또는 종사자)는 아동의 발달 상태와 수준, 필요한 사항과 그들의 일상생활에서 원만한 성장발달을 촉진할 수 있도록 잠재적인 가능성과 그 발전을 위한 구체적인 방법을 배울 수 있다. 이를 토대로 리뷰 상담 시 상담자는 내담자의 의사소통 능력을 촉진시킬 수 있도록 마테 메오 기본 요소를 적용해서 진행할 수 있다. 상호작용 분석은 영상 속의 지나치게 많은 정보를 필터링함으로써 내담자나 부모에게 필요한 부분을 가시화하고 의사 소통에 필요한 구체적인 정보를 단계별로 전달하기에 용이하다.

비디오 상호작용 분석은 다음과 같은 기능을 한다(Niklaus Loosli. T. & Berther. C., 2015). 내담자에 대해 다음과 같은 사항을 다룰 수 있는 하나의 상담 접근 도구다. 후속 단계인 리뷰 상담을 위한 기초가 된다.

- 상담목표에 적합한 영상 장면을 선별, 선택할 수 있다.
- 현재 잘 작동하고 있는 것을 발견할 수 있다.
- 성장발전을 촉진할 수 있는 단서를 발견할 수 있다.
- 행동과 반응을 관찰하고 상담에서 다룰 수 있다.
- 리뷰 상담 시 이를 기초로 단계별 필요한 정보를 제공할 수 있다.
- 리뷰 상담 시 내담자와 대상자, 자녀 또는 아동의 행동과 반응을 보여 줄 수 있다.

비디오 상호작용 분석 시 상담목표에 적합한 영상 장면을 선택해야 한다. 상호작용 분석을 통해서 영상 이미지는 무엇에 대해서 보여 주는지, 무엇을 더 볼 수 있는지 상담목표에 적합한 리뷰 상담을 준비할 수 있다.

마테 메오 기본 요소 관찰을 통해 아이의 성장발달 상태를 진단하고 그에 맞는 계획, 즉 아이에게 필요한 발달을 촉진할 수 있는 양육 기술을 향상시킬 수 있도록 지원할 수 있다. 여기서 진단이란 의학적 진단이 아니다. 아이 발달상의 결핍에 따른 의학적 진단 도구도 아니다. 교육적 치료적 진단이라고 불린다. 평가라고 부를 수도 있다. 그렇게 불리는 것은 그만한 이유가 있다. 발달적 진단 또는 평가는 항상 사용 가능한 리소스, 즉 강점을 기반으로 한다. 또한 마테 메오는 진단 및 평가 시 아이에게만 집중하지 않고 구조적 접근에 근거를 두고 부모에게도 집중한다. 이것은 발달 진단 및 평가를 통해 아동이 어떤 발달적 요구를 필요로 하는지, 발달과제에 적절하게 대처할 수 없는지, 다른 한편으로는 부모가 아동의 요구와 발달적 요구를 이해하는지 또는 적절하게 반응하는지를 살펴보는 것이다. 이와 같은 내용은 향후 상담 방향과 내용을 설정하는 데 기초를 형성한다.

우선 일상생활 속에서 내담자가 아이와 상호작용하는 동안 '보이는 것'을 관찰한다. 상호작용 분석 시 아이에게 개발이 반드시 필요한 발달적 과제가 있는지 이를 위해 내담자의 지지적 행동과 발달지향적 대화가 있는지에 대해 유념해서 관찰한다. 영상 장면의 선택 기준은 첫째, 내담자에게 가장 간편하고 쉽게 필요한 상담 및 조언을 제공하기에 적합한 영상 장면이어야 한다. 가장 좋은 장면은 내담자 자신이 바람직하게 자발적으로 지지적인 행동을 보여 주는 순간으로 예를 들어 부모가 아이를 대할 때 긍정적이고 지지적인 행동이 나타나는 순간이 가장 적합하다. 둘째, 아이가 무엇을 필요로 하는지를 명확하게 보여 주는 순간이다. 예를 들어 현재 아이가 부모의 공감, 경청, 지지를 필요로 하는 순간을 들 수 있다. 셋째, 아이에게 도움이 되는 유익한 행동을 하는 모습이 나타나는 순간이다. 실제 임상에서 최고의 장면이 있다면 기타 다른 장면은 필요하지 않다. 짧은 영상 클립 또는 영상 컷만으로도 충분하다. 마리아 아츠는 슈퍼비전에서 약 4~5초의 영상 클립에서도 본질을 보기에 충분하다(Aarts. M., 2014)고 하였다.

예를 들어 부모자녀 간의 상호작용을 촬영하고 영상을 분석할 경우 다음 4단계로 설명하겠다(Bünder. P. 외 공저, 2015). 아동을 지도하고 상담하는 종사자에게도 동일하게 적용할 수 있다.

(1) 아동의 이니셔티브

첫 번째로 아동의 이니셔티브, 접촉 상태와 수준, 탐색 능력 및 표현의 신호를 살펴본다. 그들이 상황이나 연령에 적합하고 사회적으로 적합한지 여부에 주의를 기울인다. 이때 아동의 행동이 특별한 발달상의 필요를 암시하는지 또는 부모가 특별한 요구에 직면해 있는지 여부를 파악할 수 있다.

(2) 부모의 반응 여부와 형태

- 성인이 주도권을 가지고 있는가?
- 아이의 행동과 말을 보고 들었음을 확인해 주는가?
- 아이의 신체적 언어 메시지를 따를 수 있는가?
- 아이의 비언어적 신호를 알아차리고 이해할 수 있는가?
- 아이의 감정에 반응하고 그것의 지각 형태를 명명해 주는가?

(3) 원만한 의사소통 기본 요소에 기반한 부모양육 행동 평가

- 부모는 자발적으로 아이를 지지하는 행동을 보이는가?
- 부모는 아이에게 긍정적인 모델인가?
- 부모는 아이의 과한 활동을 지도할 수 있는가? 예를 들어, 아동의 주도권을 허용하지 않을 경우 대안을 제시하는가?

예시) 공개 장소에서 소리 지르는 아동, 마트에서 무언가 사 달라고 떼를 쓰는 아동 등

(4) 아이를 더 잘 지원하기 위해 부모가 개발하거나 확장해야 하는 주제 및 의사소통 요소 목록과 그에 필요한 정보

- 부모가 부족한 부분이 있는가?
- 아이의 이니셔티브를 관찰하고 좀 더 인식해야 하는가?

아이의 이니셔티브를 인식하지 못하거나 인식할 수 없는 부모는 아이의 이니셔티브에 기반한 원칙에 따라 의사소통을 거의 하지 않는다. 아이의 눈높이에 맞는 의사소통이 필요하다.

- 아이는 어떤 도움을 더 필요로 하는가?
- 부모는 어떤 노력을 좀 더 해야 하는가?

일반적으로 영상 이미지에 기반한 리뷰 상담에 가장 적합한 영상

클립과 영상 컷을 발췌하기 위해 다음의 사항들을 고려한다. 그 장면들은 내담자의 실생활과 밀접한 관련이 있다는 것을 깨달을 수 있는 순간이어야 한다. 즉, 의사소통의 기본 요소가 나타나는 순간으로 관찰할 수 있는 순간이어야 한다.

- 마테 메오 의사소통 기본 요소가 짧고 명확하게 잘 나타나는 장면이다.
- 긍정적 상호작용이 나타나는 베스트 영상 컷이다.
- 상담에 도움이 되고 강점 발견에 필요로 하는 장면이다.
- 현재 긍정적이고 원만한 모습이 잘 나타나는 장면이다.
- 긍정적, 지지적, 자발적 모습이 보이는 장면이다.

이와 같은 장면의 내용이,

- 현재 원만하게 작동하는가?
- 긍정적인 리소스로 작동하는가?
- 최선을 다해 노력하는가?
- 좀 더 개선되어야 하는가?
- 마테 메오 기본 요소를 분명하게 관찰할 수 있는가?

이와 같은 선택 기준에 따라서 발췌할 수 있다.

4단계 영상 분석법 외에 3W 상담 시스템을 적용해 보면 다음과 같은 방법으로 적합한 영상 클립과 영상 컷을 발췌할 수 있다.

- 무엇(What):
  마테 메오 기본 요소 중 무엇을 분명하게 볼 수 있는가?
- 언제(When):
  위의 마테 메오 기본 요소를 언제 분명하게 볼 수 있는가?
- 왜(Why):
  어떤 이유로 마테 메오 기본 요소 실천이 필요한가?

대상자, 또는 아이의 성장발달 상태를 분명하게 관찰할 수 있으려면 다음과 같은 방법으로 적합한 영상 클립과 영상 컷을 발췌할 수 있다.

- 현재 어떤 능력이 충분히 발달되어 있는가?
- 앞으로 어떤 능력이 충분히 발달되어야 하는가?
- 앞으로 어떤 마테 메오 기본 요소 개발이 좀 더 필요한가?

제시한 방법으로 적합한 영상 클립과 영상 컷 발췌가 어려울 경우에는 다음과 같은 순간을 찾아보도록 한다.

- 상대방에게 도움이 되는 행동을 하는 순간
- 상대방에게 도움을 제공해야 하는 순간
- 상대방에게 도움을 주고자 노력하는 순간

이와 같이 발췌한 후 리뷰 상담 시 내담자와 함께 충분히 내용을 다루고 난 후 다음 회기 마테 메오 영상 과제를 내담자와 협의할 경우, 마테 메오 기본 요소가 분명하게 나타나는 영상 클립 및 영상 컷을 보여 주면서 자연스럽게 일상생활에서 구현해 보고 다음 회기 영상을 촬영할 수 있도록 지지한다.

- 언제 상대방의 특별한 욕구에 촉진적으로 행동하고 반응하는가?
- 언제 상대방과 상황에 적합하게 행동하고 반응하는가?
- 어떤 마테 메오 기본 요소를 자연스럽게 행동하고 반응하는가?
- 언제 바람직하게 상대방의 발달을 지지하는 행동을 하고 반응하는가?

비디오 상호작용 분석 예시 '부모 자녀 상호작용'

영상 속 어머니가 아이에게 상냥한 목소리로 미소 지으며 "자동차 놀이 할까?"라고 말하며 장난감을 내밀자 아이가 밝은 표정으로 "네, 재밌겠다"라고 말하며 어머니에게 부드럽게 미소를 짓는다. 이에 어머니가 "오, 기분이 좋구나"라고 말한다.

- 현재 잘 작동하고 있는 것을 발견한다.
- 상담목표에 적합한 장면을 발췌한다.
- 짧아도 충분하다.
- 이해하기 쉽고 관찰 가능하다.

비디오 상호작용 분석 예시 '청소년 문제행동'

🎞 영상 속 한 청소년의 행동을 비디오 상호작용 분석한다면 다음 예시와 같은 사항으로 현재의 상황을 파악할 수 있다.

- 다른 사람의 이니셔티브를 시선으로 따라가면서 관찰할 수 있는가?
- 다른 사람들과 언어로 대화를 이어 갈 수 있는가?
- 자신이 무언가를 원할 때 어떻게 다른 사람에게 접촉을 시도하는가?
- 문제가 발생했을 때 어떻게 자신의 생각이나 바람을 표현하는가?
- 어떻게 사회적 정보를 수집하는가? 어떤 방식으로 바라보고 행동하는가?
- 다른 사람의 입장을 이해하고 공감할 수 있는가?
- 자신의 감정을 적절하게 표현할 수 있는가?
- 다른 사람의 반응을 적극 기다릴 수 있는가? 소통할 수 있는가?

4) 영상 이미지에 기반한 리뷰 상담과 3W 상담 시스템

(1) 리뷰(Review) 상담이란?

리뷰 상담은 상담목표에 적합한 영상 이미지에 기반한 상담 및 조언을 제공하는 상담법이다. 마리아 아츠는 리뷰(Review)란 상담 및 조언을 제공하기 위해 영상 이미지에 기반한 상담의 형태(역자: 2021년 1월 6일 마리아 아츠와 화상통화 중 한 번 더 강조하여 설명)라고 하였다. 특정한 형식의 상담법은 다양한 분야에서 사용되고 있다(Aarts. M. 외, 2014). 마테 메오 상담이 특별한 이유는 영상 이미지를 통한 구체적 상황 제시와 이것을 다루는 특정한 방식의 상담법에 있다. 성인을 대상으로 시작하여 아동 및 청소년에 이르기까지 큰 성공을 거두었다(Aarts. M. & Rausch. H., 2009). 현재 상담, 복지, 교육, 보호 등 각 전문 분야별 아동 및 청소년, 부모 및 가족, 상담사, 교사, 돌봄 교사들이 마테 메오 기법을 학습하고 자신의 일상과 임상 장면에서 다양하게 적용하고 있다. 마테 메오 상담사 및 코칭사, 슈퍼바이저는 각 전문 분야의 종사자들과 그들이 직업 분야에서 대면하는 대상자 및 내담자 간의 상호작용 영상 이미지를 다룬다. 종사자들 또한 대상자 및 내담자와 그 가족 간의 상호작용 영상 이미지를 다룬다. 마테 메오는 실생활 및 임상현장 등 필요한 모든 순간에 적용할 수 있다.

상담 시작 시, 현재 진행 중인 상담 내용, 의뢰 사유, 협의된 상담목표, 상담과제 등에 관해 간략하게 재정리한다. 마테 메오 상담의 가장 중요한 핵심은 영상 이미지에 기반한 상담자와 내담자 간의 대화에 두고 있다. 전문적인 상담자는 내담자의 성장발전을 지원하고 촉진할 수 있도록 대화를 통해 상호협력하여 상담관계를 강화하고 일방적인 설명이 아닌 영상 이미지에 기반한 새로운 경험을 제공하고 그것에 대해 느낀 점을 나눈다. 이때 영상 장면에 대해 적절한 상담 및 조언을 제공하는 것 외에도 내담자가 현재 느끼는 반응(Reaction) 체계에 우선순위를 두고 세심한 주의를 기울이면서 반영(Reflection)해 준다. 다음 영상 클립을 다루기 전에 내담자가 영상 클립을 시청하는 동안 그의 반응을 조용히 기다리고 난 후 인식한 것을 확인하고 상담목표나 주제와 연결 지어 영상 이미지로 인해 떠오르는 어떤 사건, 상황, 대상, 생각, 욕구, 의미, 해석 때문에 생긴 감정을 반영해 준다.

상담자는 선택한 영상 클립을 통해 내담자의 일상적인 상황을 함께 살펴본다. 영상 녹화의 장점은 일상적인 상황을 다시 살펴보고 시각화할 수 있으며 그것을 다시 관찰 가능한 데 있다. 이때 상담의 초점은 상호작용과 의사소통에 대해 유익한 순간을 다루어야 한다. 이에 사전에 적합한 영상 장면을 선택하는 데 주의가 필요하다. 상담 중에 개별적 사항을 고려하고 단계적으로 논의해야 한다. 각 설명은 영상 이미지에 기반한다. 또한 상담 중에 내담자가 이야기하기 시작하면 영상 재생을 정지해야 한다. 이때는 영상 이미지가 아니라 대화에 집중해야 하기 때문이다. 영상 이미지에 지나치게 구속되지 말아야 한다. 한 번에 한 가지 영상 이미지만 다루어야 한다(역자: 2021년 1월 6일 마리아 아츠와 화상통화 중 그 중요성을 강조함). 리뷰 상담 시간에 다룰 수 있는 영상 이미지의 양은 상담자의 상담 및 코칭할 수 있는 역량에 달려 있다(Aarts. M. & Rausch. H., 2009). 영상 이미지에 기반한 리뷰 상담 시 상담자는 3W 상담 시스템에 근거하여 내담자의 일상 속 영상 이미지를 다루고 상담 및 조언을 제공해야 한다. 그들의 상호작용을 다룰 때 3W(When, What, Why) 언제 하는지, 무엇을 하는지, 어떤 이유로 하는지에 초점을 두고 대화를 진행한다(역자: 2021년 1월 6일 마리아 아츠와 화상 통화 중 그 중요성을 강조함). 각 장면마다 3W를 적용한다. 상담자는 내담자의 성장을 촉진하기 위해 항상 3W 상담 시스템 접근법을 숙지해야 한다.

성공적인 리뷰를 위한 기본 요구사항은 명확한 구조와 그에 해당되는 분위기가 조성되어야 한다(Bünder. P. 외 공저, 2015). 상담자는 자신의 인식에 대해 특별한 전문적 훈련을 받은 사람이어야 한다(Aarts. M. & Rausch. H., 2009). 내담자는 자신을 모델로 한 영상 이미지에 기반해서 상담자의 진행 방식에 따라 자세히 살펴보면 자신의 리소스(Resource)에서 통찰력(Insight)과 해결방안(Solution)을 얻을 수 있다. 해결 중심 및 자원지향적이다.

리뷰 상담 과정은 마테 메오 상담의 가장 중요한 과정 중 하나이다. 이에 상담자는 수련 과정에서 의사소통 기술을 익히는 데 큰 관심을 기울여야 한다. 내담자에게 영상 이미지에 기반한 상담 방법의 도움으로 상담 및 조언을 제공하는 것은 새로운 접근 방식이다. 이에 새로운 기술을 습득하고 전문적 역량을 발전시켜야 하는 것을 의미한다. 덴마크의 론 라운세(Lone Raunsø) 슈퍼바이저는 "마치 공중에 공 세 개를 연속적으로 던지고 받는 저글링(Juggling)과 같다"라고 하였다. 즉 영상 이미지 제공 상담 기술, 영상 이미지에 기반한 대화법, 상담에 필요한 정보 제공, 이 세 가지를 동시에 진행해야 하기 때문이다(Aarts. M. & Aarts. J., 2019).

(2) 리뷰 상담의 역할과 기능은?

리뷰 상담은 영상 이미지를 다룬다(2021.1.6. 마리아 아츠 화상통화). 리뷰는 모니터링이 아니다. 리뷰를 통해서 다음과 같은 내용을 확인할 수 있다.

- 현재 어떤 능력이 충분히 발달되어 있는가?
- 앞으로 어떤 능력이 충분히 발달되어야 하는가?
- 앞으로 어떤 마테 메오 기본 요소 개발이 좀 더 필요한가?
- 현재 영상 속에서 어떤 강점을 발견할 수 있는가?
- 만일 발견할 수 없다면, 그것을 대체할 수 있는 것은 무엇인가?

(3) 리뷰 상담 시 무엇을 보여 주는가

리뷰 상담 시 영상을 비디오 상호작용 분석법으로 선별된 영상 장면을 보여 준다. 영상 이미지에 대해 설명한다. 해석하지 않는다. 관찰 가능한 것을 다룬다. 영상 장면을 통해 느끼는 이미지에 따라 내담자는 떠오르는 생각, 감정 등 자신이 해석하고 이야기한다.

상담자는 내담자와 리뷰 상담 시, 영상 이미지를 통해 무엇을 보여 주는가를 다룬다. 먼저 상담자는 무엇이 보이는지 설명한다. 해석하지 않는다. 주의해야 한다. 짧고 명확하게 전달할수록 내담자가 쉽게 이해하는 데 효과적이다.

상담자는 내담자와 긍정적이고 협력적으로 '보이는 것'을 다룬다.

- 부모 또는 아이는 무엇을 할 수 있는가?
- 부모 또는 아이는 발달 단계에 적합한 이니셔티브 수준인가?
- 아이는 어떤 능력을 더 키워야 하는가?
- 그 능력을 키우기 위해 어떤 과제가 필요한가? 얼마나 필요한가?

(4) 3W 상담 시스템으로 '보이는 것'을 다룬다

리뷰 상담 시 상담목표에 근거한 주요 주제들을 다룰 때 3W 상담 시스템으로 '보이는 것'에 즉 관찰한 것에 대해 접근하고 이에 근거하여 상담 및 조언, 필요한 정보를 제공한다. 마테 메오 상담에 필요한 자문과 조언을 원활하게 제공하기 위해 3W 상담 시스템으로 접근한다. 3W란 언제(When), 무엇을(What), 왜(Why)로 어떤 순간에 긍정적 상호작용 또는 행동이 나타나는지, 이때 구체적으로 무엇을 또는 어떤 행동을 하는지, 어떤 이유로 하는지, 필요한지에 초점을 두고 대화를 진행한다.

3W 상담 시스템을 적용해 보면,

무엇(What)
영상 이미지는 내담자의 어떤 행동이 상대방의 성장발달을 촉진시키는지를 보여 준다.
마테 메오 기본 요소 중 무엇을 분명하게 볼 수 있는가?

언제(When)
영상 이미지는 내담자가 어떤 순간에 상대방의 성장발달을 촉진시키는지를 보여 준다.
언제 마테 메오 기본 요소를 분명하게 볼 수 있는가?

왜(Why)
영상 이미지는 내담자가 어떤 이유로 상대방의 성장발달을 촉진시켜야 하는지를 보여 준다.
어떤 이유로 마테 메오 기본 요소 실천이 필요한가?

영상 이미지에 3W 상담 시스템을 적용하면 내담자에게 반드시 필요한 내용을 정확하게 전달할 수 있다.

영상 속 어머니가 아이에게 상냥한 목소리로 미소 지으며 "자동차 놀이 할까?"라고 말하며 장난감을 내밀자 아이가 밝은 표정으로 "네, 재밌겠어요"라고 말하며 어머니에게 부드럽게 미소를 짓는다. 어머니가 이 모습을 보고 "오, 기분이 좋구나"라고 말한다.

[3W 예시 1]

- **언제(When)**
당신은 언제 아이의 성장발달을 촉진합니까?
당신이 아이에게 미소 지으며 이야기할 때.

- **무엇(What)**
아이는 무엇을 보여 줍니까?
아이도 미소를 보여 줍니다.

- **왜(Why)**
어떤 이유로 아이에게 좋은 표정으로 대해야 합니까?
어떤 이유로 아이에게 친절하게 대해야 합니까?
당신이 아이에게 좋은 표정을 짓는 순간에 아이도 다른 사람들을 대할 때 친절하게 대하는 방법을 배울 수 있습니다.

> **[3W 예시 2]**
>
> **- 언제(When)**
> 당신은 언제 아이의 성장발달을 촉진합니까?
> 아이가 밝은 표정으로 "네, 재밌겠어요"라고 말할 때.
>
> **- 무엇을(What)**
> 당신은 무엇을 하고 있습니까? 어떻게 반응하고 있습니까?
> 부드럽게 미소 지으며 "오, 기분이 좋구나"라고 말합니다.
>
> **- 왜(Why)**
> 어떤 이유로 그렇게 해야 합니까? 아이는 엄마가 자신에게 지속적으로 관심을 두고 표정도 살피고 있다는 것을 이해하고 자신의 감정을 명명해 줌으로써 공감 받는다고 느낄 수 있습니다.

이 예시와 같이 각각의 영상 이미지에 단계별로 적용할 수 있다. 3가지 기본 원리는,

1. 상담목표에 적합한 영상 이미지를 사용한다.
2. 영상 이미지 제시 시, 특별한 언어전달 방식과 영상 재생, 정지, 클로즈업 등 다양한 영상 기술을 사용한다.
3. 3W 상담 시스템에 근거한 접근법으로 영상 이미지와 필요한 정보를 연결해서 다룬다.

(5) 리뷰 상담 시 유의사항은?

이 과정에서 가장 중요한 핵심 사항은 마리아 아츠 슈퍼비전 시간에 강조한 것을 정리하였다.

- 가장 최고의 장면을 선택하라.
- 베스트 컷을 가장 소중한 선물처럼 보여 줘라.
- 상담목표에 적합한 컷을 보여 줘라.
- 상호작용이 있는 장면을 보여 줘라.
- 한 장면씩 단계별로 보여 줘라.
- 짧고 명확한 장면을 보여 줘라.
- 영상 이미지와 관련한 이야기만 나눠라.
- 내담자의 반응이 나타나기까지 충분히 기다려라.
- 마테 요소가 나타나는 장면, 긍정적 장면에 지지해 줘라.
- 개선되어야 할 장면에 필요한 정보를 제공하라.
- 상담자는 필요한 설명만 하라.
- 3W 상담 시스템을 사용하여 접근하라.

(6) 리뷰(Review) 상담 과정이란?

영상 이미지에 기반한 리뷰 상담 세부 과정을 좀 더 자세히 단계별로 살펴보면 다음과 같다.

1. 시작 전 준비
2. 시작 및 라포 형성
3. 영상 이미지에 기반한 리뷰 상담
4. 3W 상담 시스템
5. 마테 메오 정보 제공
6. 마테 메오 영상 과제 제시
7. 종결

① 시작 전 준비

・ 사전 준비

- 영상 시청 기기를 점검한다.
- 상담하는 동안 제시할 영상 클립의 순서를 쉽게 찾을 수 있도록 준비한다.

・ 참여 대상

- 상담 시작 전에 참여할 대상이 정해져 있어야 한다.
- 내담자와 협의하에 자녀나 가족을 참여시킬 수 있다.

・ 적당한 자리에 앉도록 안내한다.

- 영상 이미지를 함께 볼 수 있고 대화를 나눌 수 있는 자리에 앉는다.
- 영상 이미지를 잘 볼 수 있고 내담자의 반응을 잘 관찰할 수 있는 자리에 배석한다.

- 비언어적 반응 관찰을 통해 내담자의 심리정서적 상태와 수준에 적절한 상담이 가능하다.
- 정서적 반응을 보일 경우 영상 재생을 정지하고 대화를 나눈다.

② **시작 및 라포 형성**

· **적당한 자리에 앉는다.**

- 영상 이미지를 잘 볼 수 있고 내담자의 반응을 잘 관찰할 수 있는 자리에 앉도록 한다.

· **편안한 분위기로 라포 형성한다.**

- 편안한 분위기를 조성한다.
- 커피, 케이크, 애견 등 일상생활의 소소한 이야기로 라포를 형성한다.

· **시작을 분명히 한다.**

- 내담자가 자리에 앉으면 이름을 부르면서 대화에 초대한다.
- "○○님, 시작할 준비가 되셨나요? 시작하겠습니다."

· **상담의 목표 및 주요 내용을 다룬다.**

- 상담 목표 및 내용, 시작 동기를 상기시키며 시작한다.
- 내담자의 언어적 및 비언어적 이니셔티브에 주의를 기울이면서 이야기한다.

③ 영상 이미지에 기반한 리뷰 상담

 영상 이미지 기반한 마테 메오 상담 과정에 대한 설명을 하면 내담자는 이 방법을 사용하고 수용하는 데 더 쉽게 참여할 수 있다. 영상 클립은 그들의 행동을 통해 적절하게 상대방 또는 아동의 발달을 촉진하고 지원하는 자신 또는 부모의 긍정적인 상호작용의 모습을 보여 준다. 일반적으로 아주 짧은 영상 클립 또는 영상 컷을 선택해서 보여 준다. 이 영상 클립을 통해 보고 들은 것을 자신의 상황과 비교하고 질문하고 자신의 상담이 어떻게 진행될 수 있는지에 대한 아이디어를 개발해 나갈 수 있다. 말로 설명하는 것보다 훨씬 많은 것을 보여 주는 영상 이미지를 통해 더 많은 자극을 받고 정보를 얻을 수 있음이 분명하다. '한 장의 그림이 천 마디 말의 가치가 있다(A Picture is worth a thousand words)'는 말처럼 자신에 대한 영상 이미지 한 컷이 미치는 영향이 클 수 있다. 영상 이미지에 기반한 자신을 관찰함으로써 자기 강점을 발견하고 그것을 확인하며 변화를 위한 동기부여와 실생활에 실천해 나갈 수 있도록 충분히, 천천히 진행한다.

• **리뷰 상담 시작 시 가장 적합한 영상 이미지란?**

 단계별로 영상 이미지를 시청하고 내담자의 반응을 다룬다.
 이때 영상 이미지는 상담목표에 가장 적합한 영상 이미지를 선택해야 하며 마테 메오 정보를 전달하기 위해서도 적합한 영상 이미지여야 한다. 이것이 가장 중요하다. 가장 적합한 영상 이미지 중에 최고의 영상 이미지가 있을 경우 기타 장면은 불필요하다. 자신에 대해 긍정적인 장면을 관찰함으로써 긍정적인 자기 인식을 가질 수 있다. 더 잘할 수 있도록 새로운 가능성을 열어 준다. 몇 가지 적합한 영상 이미지의 예시를 들어 보겠다.

1) 가장 잘 수행하고 있는 최고의 순간
- 긍정적, 지지적 행동이 나타나는 순간

2) 상대방이 무언가를 필요로 하는 순간
- 아이가 부모의 공감, 지지, 경청을 필요로 할 때

3) 상대방에게 도움이 되는 행동을 하는 순간
- 우연히 나타나는 긍정적 행동

4) 성공적인 상호작용 및 의사소통 순간
- 부모의 원만한 양육 기술이 보이는 순간

5) 상대방과 원만한 상호작용과 의사소통을 하고자 노력하는 순간
- 부모의 양육 기술을 향상시키고자 노력하는 순간

6) 새로운 상담 및 조언이 필요한 순간
- 새로운 양육 기술을 위해 조언이 필요한 순간

자칫 영상을 통해 전달하고 싶은 내용이 모호하거나 애매하고 토론거리로 이어지지 않도록 유의한다.

마테 메오 리뷰 상담 첫 회기일 경우,

- 첫 회기에 내담자가 바라는 것을 좀 더 명료화한다.

  - 다시 한번 내담자가 바라는 것을 묻는다.
  - 상담 주제와 목표를 명료화한다.

- 상담 주제와 목표를 다시 간략하게 설명한다.

협의된 상담목표와 주제 등 내담자가 자신의 행동에서 무엇을 변화시키고 싶은지에 대해 대화를 나눈다. 마테 메오 상담 과정에 대한 정확한 정보를 제공할 뿐만 아니라 초기 가족상황, 부모 또는 의뢰인 또는 기관의 구체적인 목표와 기대에 대해 논의한다.

"우리는 상담목표를 아이와 대화할 때 아이의 말이나 행동을 중단하지 않고 끝까지 기다리는 것이라고 정했습니다. 이와 관련하여 첫 번째 영상을 촬영하고 그것을 살펴보겠습니다."

- 첫 회기 리뷰 상담 진행에 대해 안내한다.

진행 순서 및 소요 시간, 몇 개의 영상 이미지를 순서대로 다룰 것이라고 알려 준다.

"오늘 우리가 볼 영상 클립은 1, 2, 3 … 순서입니다."
"오늘 우리는 당신이 지난주에 녹화한 영상 중에서 몇 가지 장면을 보도록 하겠습니다."
"오늘 우리는 당신이 이미 아이와 원만하게 상호작용하고 있는 것에 기반하여 현재 어떤 마테 메오 기본 요소를 잘 사용하고 계신지 보도록 하겠습니다. 또한 이것이 아이에게 어떤 의미가 있는지 살펴보도록 하겠습니다."
"몇 가지 영상 장면을 보고 난 후 궁금하신 부분들에 관해 이야기 나누는 순서로 진행하도록 하겠습니다."

- **첫 번째 영상 속 상호작용 분석된 것을 보여 준다.**

  – 성공적이고 긍정적인 상호작용의 모습을 보여 준다.
  – 내담자와 상대방(자녀 등) 간의 관계적 의미와 연결 짓는다.

- **짧은 순간의 긍정적인 것을 집중하여 보여 준다.**

  – 아주 천천히 여러 번 보고 순간순간에 집중할 수 있도록 한다.
  – 매 장면마다 눈으로 관찰되는 성공적이고 잘한 것을 칭찬해 준다.

- **보여 주고 기다린 후 성공적인 것을 축하해 준다.**

  – 충분한 시간을 두고 여유 있게 보여 준다.
  – 성공적이고 잘한 것을 지지하고 축하해 준다.

- 첫 회기 리뷰 상담 마침에 대해 분명히 한다.

  – 시작과 종결을 항상 분명히 한다.
  – "오늘 이것으로 첫 회기 리뷰는 마치겠습니다."

- 마테 메오 후속 영상 과제에 대해서 설명해 준다.

  – 성장발달에 필요한 마테 메오 기법을 일상에서 구현할 수 있도록 알려 준다.
  예시) 기다리기, 명명하기 실천 등
  – 지원 방법에 대한 상대방의 반응을 관찰할 수 있도록 적절한 상황에서 영상을 촬영할 것을 안내한다.

마테 메오 리뷰 상담 2회기 이상 진행되었을 경우,

- 내담자가 구현한 마테 메오 기법에 관해 묻는다.

  – 일주일 동안 어떤 마테 메오 기법을 실천해 보았는지 묻는다.
  예시) 기다리기, 명명하기 실천 등
  – 내담자 스스로 진술함으로써 상담의 집중도를 높인다.

- 리뷰 상담 진행에 대해 안내한다.

  – 진행 순서 및 소요 시간, 몇 개의 영상 이미지를 순서대로 다룰 것이라고 알려 준다.

  "오늘 우리가 볼 영상 클립은 1, 2, 3 … 순서입니다."

"오늘 우리는 당신이 지난주에 한 주간 마테 메오 기법을 실천하고 촬영한 영상 중에서 몇 가지 장면을 보도록 하겠습니다."

• **성공적인 상호작용 장면을 단계별로 진행한다.**

- 성공적으로 잘 작동한 상호작용의 순간을 순서대로 보여 주면서 그 순간들에 대해 단계별로 설명해 준다.
- 영상 장면과 상담 주제와 내용을 연결 지어 이야기하면서 진행할 것이라고 알려 준다.
- 항상 상담주제 또는 내담자와 의미 있는 대상을 연결 짓는다.
- 자신과 대상의 상호작용 순간을 만끽할 수 있도록 충분한 시간을 두고 여유 있게 장면을 여러 번 재생, 정지하면서 관찰한다.
- 내담자가 이야기할 때까지 적극적으로 기다려 준다.

"오늘은 아이의 말이나 행동을 끝까지 기다려 주는 내용에 관해서 영상 장면을 보면서 진행하겠습니다."
"지금 보여 드리는 영상 장면을 통해 전달하고자 하는 주제가 좀 더 명확하게 보이길 바랍니다."
"다시 한번 보여 드리도록 하겠습니다."
"지난번 상담 잘하셨고 오늘은 아이의 행동과 반응을 기다림으로써 어떤 결과가 나타나는지 보여 드리고자 합니다. 지금 보시는 장면은 그 결과를 명확하게 보여 주고 있습니다."
"이제 다음 다른 장면으로 넘어가겠습니다."

이와 같이 진행과정을 단계별로 설명하고 상호협력적으로 진행해 나간다. 내담자가 상담자의 진행과정이 예측 가능하도록 한다. 물론 내담자의 이해와 학습의 속도에 맞춰 진행한다. 예를 들어 마테 메오 기법 실천에 소극적이거나 이해가 불충분하다면 다시 한번 더 한 주간 구현해 줄 것을 요청할 수 있다.

상담을 시작할 때 내담자가 부모라면 상담에 집중하고 적극적으로 참여할 수 있도록 격려할 수 있다.

"부모로서 당신이 이미 자녀의 발달을 지원하기 위해 무엇을 하고 있는지, 그리고 현재 어렵게 여겨지는 여러 다양한 상황에서 이를 잘 수행할 수 있도록 필요한 것이 무엇인지에 대한 해결 방법을 찾기 위해 함께 협력하고 싶습니다. 당신이 아이에게 좋은 부모가 될 수 있도록 방법을 알려 드리고 도와드리겠습니다."
"대부분의 부모가 자녀에게 가장 좋은 것만을 원한다는 것을 제 경험으로 알고 있습니다. 그리고 당신도 분명히 그럴 것입니다. 하지만 많은 노력을 기울이고 애쓰기도 매우 어렵습니다. 때로는 화가 나고 무력감이 들 것입니다. 당신과 당신의 가정이 해결 방법을 찾아가는 데 도움이 되고 싶습니다. 이에 이 영상을 통해 어떻게 할 수 있는지 보여 드리고 싶습니다."

· 영상 이미지 재생과 정지 - 이니셔티브 인식

가장 적합한 영상 이미지에 다음과 같이 마테 메오 기본 요소가 나타나는 장면일 경우 내담자는 직접적으로 자신 및 상대방의 이니셔티브에 대해 명확하게 관찰하고 인식할 수 있다. 각 영상 이미지 재생을 통해 내담자에게 필요한 내용을 한 가지씩 다룬다.

- 이니셔티브에 대해 명명하는 순간
- 이니셔티브에 대해 확인하고 인정하는 순간

- 이니셔티브를 따르는 순간
- 이니셔티브를 주의 깊게 기다리는 순간
- 상대방과 교대로, 차례대로 상호작용하는 순간
- 상대방에게 주의 깊게 관심을 기울이는 순간
- 긍정적 리더십을 발휘하는 순간

예시) "여기를 보세요. 어머니는 아이가 말을 시작할 때까지 기다리고 있습니다."

부모의 상담 과제가 아이를 충분히 기다려 주는 것이라면 영상 장면에서 아이가 행동하고 반응할 때까지 충분한 시간을 주고 기다려 주는 모습을 선택한다. 이 발췌한 영상 장면을 보고 자신의 새로운 행동이 아이에게 어떤 영향을 미치는지 관찰할 수 있다. 자신을 롤 모델로 삼는 것이다.

영상 장면 및 영상 컷을 재생하고 이니셔티브가 나타나는 순간에 정지하고 그것에 대해 명명한다.

"여기를 보세요. 아이가 자동차를 들고 있습니다."

나타나는 이니셔티브에 대해 다양하게 명명한다.

- 언어적 비언어적 측면 명명
"여기를 보세요. 아이가 고개를 끄덕입니다."

- **행동적 측면 명명**
"여기를 보세요. 아이가 자동차를 들어 올립니다."

- **감정적 측면 명명**
"여기를 보세요. 아이가 미소 짓는 동안 자신의 느낌을 보여 줍니다."

무슨 일이 일어나고 있는지를 말해 주고 난 후 그에 대한 '반응 순간'을 보여 주고 다시 명명한다.

"여기를 보세요. 아이가 자동차를 줍고 있습니다. 어머니는 '네가 자동차를 들고 있구나'라고 반응합니다."
"여기를 보세요. 아이가 미소를 지으며 느낌을 보여 줍니다. 어머니도 미소로 응대합니다."

한 가지 영상 이미지에 한 가지 내용을 다룬다.

각 영상 이미지 재생을 통해 필요한 한 가지 내용을 다루도록 한다. 단계별로 구체적으로 관찰할 수 있는 것에 대해 제시한다.

행동-반응-행동-반응의 순서대로 연결 지어 명명한다.

"아이가 웃고 어머니도 웃자, 아이도 웃습니다."

이러한 방식으로 정서적 교류가 일어나는 것을 가시화할 수 있다. 서로가 어떻게 정서적 교감을 나누는지, 어느 정도 연결되어 있는지 확인할 수 있다. 이런 순간이 자주 일어난다면 잘 연결되어 있다고 할 수 있다.

행동-확인-명명의 순서대로 연결 지어 명명한다.

"여기를 보세요. 아이가 여기 차를 줍고 있습니다. 그의 어머니는 '너는 자동차를 들어 올리고 있구나'라는 말로 아이의 행동을 확인해 줌으로써 이에 반응합니다."

반응-행동의 순서대로 연결 지어 명명한다.

"여기를 보세요, 아이는 웃으며 자신의 느낌을 보여 줍니다. 어머니도 미소로 답합니다. 이렇게 이들은 정서적으로 교감하고 있습니다."
"여기를 보세요, 아이가 웃으면서 고개를 돌려 어머니를 보자, 어머니도 아이에게 웃으면서 반응해 줍니다."

언어적으로 감정을 명명한다.

"여기를 보세요, 어머니는 '오, 재미있구나'라며 말로써 즐거움을 표현합니다. 이렇게 아이는 자신의 감정에 맞는 어휘를 익히고 표현하는 방법을 배웁니다. 이것은 자기 감정을 표현하는 방법의 기초가 됩니다. 서로 정서적으로 교감하고 원만한 관계를 형성하고 지속하기 위한 요소 중 하나입니다."

일상생활에서 나타나는 짧은 상호작용의 순간을 자세하게 볼 수 있도록 돕고 어떤 마테 메오 기본 요소들이 잘 작동하고 있는지 내담자에게 수월하게 전달할 수 있다. 작은 단계로 나눠서 보여 줄 때 자세히 관찰할 수 있다. 보는 동안 더 잘 기억할 수 있다. 긍정적 행동을 학습하기 위해 자신을 관찰하여 롤 모델로 삼을 수 있다. 상담자는 내담자가 특정한 영상 장면을 볼 때 방해가 되지 않도록 영상을 보는 동안에는 아무 말도 하지 않아야 한다. 만일 내담자 또는 상담자가 이야기를 시작하면 영상 재생을 멈추어야 한다.

· **영상 이미지 머물기 - 자기 관찰**

상담 목표에 적합한 영상 이미지를 재생, 정지 하면서 '스틸 컷'을 제시하고 내담자의 반응이 일어나기까지 충분히 기다린 후 먼저 이야기가 나올 때까지 기다린다. 내담자 자신이 떠오르는 생각, 감정, 해석 등 인식한 것을 먼저 이야기하기 시작하면 그것에 관한 이야기를 나눈다. 내담자가 자신의 영상 이미지에 머물 수 있도록 기다려 준다. 그 후 영상 이미지를 통해 느끼는 감정과 그 영향에 대해 이야기한다.

집중할 수 있도록 다음과 같은 방식으로 명명한다.

"자, 여기를 보세요. 멋진 장면을 보여 드리겠습니다."
"자, 준비되셨나요? 그럼 영상을 시작해 볼까요?"

스스로 관찰한 것을 이야기할 수 있도록 질문한다.

"이 장면에서 무엇이 보입니까?"
"어떤 장면입니까?"

영상 이미지를 통해 자신의 자아상에 익숙하면서도 낯섦, 또는 새로운 감정이 일어난다.

"제가 저런 모습인가요?"
"낯설어요."
"저런 모습으로 이야기하는 줄 몰랐어요."
"새롭게 보여요."

영상 이미지가 자신이 기대하는 것보다 긍정적인 모습일수록 상담 초반부에 낯설게 느낀다.

"제가 이야기할 때 자주 웃는군요. 보기 나쁘지는 않네요."

자신의 자아상과 외부 현실 세계에 보이는 이미지와 마주하고 변화가 생긴다.

"제가 생각한 모습과 좀 다른 것 같아요."

자신의 자아상과 영상 속 모습 간의 경계가 선명할수록 낯설게 느낀다.

"제 모습이 너무 낯설어요."

자신의 자아상과 영상 속 모습 간의 경계가 모호할수록 변화의 동기가 시작된다.

"항상 저렇게 애들에게 잘하는 건 아니에요. 제가 기분이 좋았나 봐요. 앞으로 좀 더 자주 웃으면서 대해야겠어요."

자신의 자아상과 영상 속 모습 간의 경계가 흐려질수록 변화를 알아차린다.

"아, 저 순간엔 제가 저렇게 말하고 웃었군요. 이제 잘 보여요. 예전과 좀 달라진 거 같아요."

제시한 영상 이미지에 충분히 머물러야 '자신의 힘'으로 보이는 것에 대해 좀 더 깊은 성찰이 일어난다.

· **영상 이미지 반영하기 – 자기 반영**

상담목표 및 주요 과제에 적합한 영상 이미지와 연결 지어 그에 대한 반응체계에 우선순위를 두고 세심한 주의를 기울이면서 반영해 준다. 내담자의 반응이 나타나기까지 조용히 기다리고 난 후 내담자 자신이 떠오르는 생각, 감정, 해석 등 인식한 것을 먼저 이야기하기 시작하면 그것에 관한 이야기를 나눈다. 덧붙여 상담목표 및 주제와 연결 지어 영상 이미지로 인해 떠오르는 사건, 상황, 대상, 생각, 욕구, 의미, 해석 때문에 생긴 감정에 대해 반영해 준다.

충분히 한 장면에 대해 반영한 후 다음 영상 이미지를 계속해서 다루도록 한다. 영상을 보면서 내담자는 그 영상 이미지에 감정적으로 반응하기 위해서 충분한 공간과 시간이 필요하다. 그 순간이 일어날 때마다 상담자는 가능한 한 내담자와 함께 그 순간에 동참하고 공감하며 느끼는 감정에 머물고 따라가면서 그 자신의 내면에 움직이는 것에 대해서 이야기할 수 있도록 지지해 준다. 이런 방법으로 상담자는 내담자가 영상 이미지를 통해 얻는 새로운 정보와 자신에게 연관된 내용을 어떻게 인식하고 이해하는지 알 수 있다. 내담자가 취하는 방법이나 태도에 대해 드는 감정, 생각과 의견에 대해 대화를 나누는 동안 그 내용을 적절히 반영할 수 있다. 대화를 나누는 동안 자신의 문제와 그 해결 방법에 대해 좀 더 '명료화'된다. 눈높이에 맞는 대화를 나누도록 한다.

· 영상 이미지 집중하기 – 각 주제별 다루기

각 영상 이미지를 주제별 단계별로 다루기 위해 몇 가지 방법을 보자. 집중할 수 있도록 명명한다. 한 가지 주제를 다루는 동안 관련 스틸 컷을 정지화면으로 하고 대화 나눈다.

> "이제 '기다리기' 예시의 일부를 보여 드리겠습니다. … 그럼 다시 처음 화면으로 돌아가겠습니다. … 누가 무엇을 했고 그 순간에 어떻게 반응했는지 단계별로 보도록 하겠습니다."

좀 더 강조하고 싶다면, "이 순간이 얼마나 중요한지 당신에게 지금 보여 드리고 싶습니다"라고 한다.

특정한 사람의 특정한 행동을 강조하고 싶다면, "지금 아이가 어떻게 행동했는지, 무엇을 원했는지 정확히 보여 드리겠습니다", "이번 장면을 통해 아이가 최근 엄마의 반응에 대해 얼마나 행복해하는지 보여 드리고 싶습니다"라고 한다.

· **영상 이미지 관찰하기 - 자기 강점 관찰**

"자, 여기를 보세요. 이제 당신이 무얼 하는지 잘 보세요"라고 말하고 영상 이미지를 제시하면 이 명명을 통해 어떤 특정한 상황이나 환경, 자신 및 상대방의 행동이나 말 등을 객관적으로 관찰할 수 있다. 이때, 영상 이미지에 대한 관찰자의 주관적인 생각, 느낌이나 해석을 이야기하고 성공적 행동이 일어나는 순간에 대한 원인이나 그것에 영향을 주는 것 등 자신에 대해 직간접평가, 관찰평가와 성공적 행동 분석이 일어난다. 자신을 관찰하고 평가하는 측면은 지극히 직접적이고 영상 이미지를 통해서 통제된 자신의 모습을 관찰하고 평가하는 측면은 오히려 간접적이다. 간접적일수록 안전하게 느낀다. 자기만의 해석이 일어나는 셈이다. 영상 이미지에 한정된 행동은 이미 통제된 상황으로 특정 행동에 대해 직접적인 관찰을 수행할 수 있고 그 행동이 미치는 영향을 즉시 보여 줄 수 있다. 자신의 성공적 행동에 대해 객관적이고 신뢰를 가질 수 있다.

전문적이고 상호작용 분석법에 의해 선택된 영상 이미지는 내담자에게 안전하게 자기 자신을 객관적으로 관찰할 수 있도록 돕는다. 영상 이미지에 나타나는 자신은 현재의 '리얼' 자신이 아니기 때문에 제3자적 관점에서 마음껏 해석할 수 있다. 성공적 행동과 결과를 확인하고 자신이 원하는 결과가 '자신의 힘'에 내재된 것을 인식하고 긍정적 행동으로 변화하는 데 효율적이다. 상담목표에 적합한 영상이미지에 기반한 관찰을 통해 정확하고 명료한 단어를 사용해서 필요한 내용을 전달한다. "방금 이 장면에서 어머니는 아이의 이야기를 분명히 끝까지 들어 주었습니다"라고 분명하게 관찰된 것을 이야기한다.

· 영상 이미지 동기 부여 및 의지 - 자기 강점 발견

문제행동을 변화시키거나 적절한 행동으로 대체하기 위한 방법과는 달리 긍정적 행동으로 변화시키거나 적절한 행동을 지속적으로 하기 위한 방법이다. 영상 이미지를 통해 자신이 원하는 결과, 성취하고자 하는 달성 목표가 이미 내재되어 있음을 확인하는 것은 매우 중요한 작업이다. 자신의 우연한 혹은 임시적인 성공적 행동을 전문적 상담접근을 통해 그 행동의 긍정적 기능을 확인할 수 있다. 3W(What, When, Why), 즉 자신의 행동이 상대방에게 어떻게 영향을 주는지 파악하는 것이 중요하다. 따라서 자신의 특정한 방식으로 한 행동 결과로 상대방의 행동과 반응에 영향을 준 상황(When), 구체적으로 어떤 특정한 방식(What)으로 대했는지, 그 특정한 방식

은 어떤 이유로 지속해야 하는지(Why)를 미세하게 다룬다. 상담목표에 적합한 영상 이미지는 '성공적 순간'에 대한 관찰을 하도록 자극하고 3W적 접근법은 내담자가 경험한 기존 상황과 순간에 대한 새로운 발견의 기회를 제공할 수 있다. 스스로 자기 강점과 자원을 발견하고 자신에게 동기 부여할 수 있는 욕구에 초점을 두고 그 욕구를 활성화시킨다.

· **영상 이미지 실생활 실천 – 행동 변화**

후속 영상 촬영 과제는 기본적으로 상담 시간에 논의한 마테 메오 기본 요소 실천에 대한 필요한 구체적인 조언과 내담자의 실생활에 미치는 영향을 고려하여 정한다. 자신의 행동 변화에 대한 효과를 인식하고 그에 필요한 자신의 기술을 단계별로 향상시킨다. 다음 리뷰 상담 시간에 제안된 사항을 이행했는지 여부와 그 방법에 대해 명확하게 다룰 수 있다. 내담자와 상대방의 반응을 살펴보면 유익한 의사소통 접근 방식으로 점차 일상생활에 통합되어 가고 있는지, 아니면 영상 촬영 중에만 시연되고 있는지 알 수 있다. 예를 들어 상대방이 어린 자녀라면 여러 영상 녹화에서 어머니의 친근한 목소리와 어조에 대해 놀람, 불신 또는 회의적인 반응을 보인다면 일상생활에서 이러한 경험이 없거나 아직 매우 드물다고 가정할 수 있다. 리뷰 상담 과정에서 보이는 부모의 참여 및 협력, 관심의 정도는 자녀 양육 시 좀 더 효과적인 방법을 개발하려는 의지를 나타내 보이는 추가적인 사항이다. 상담자는 리뷰 상담 시간에 보이는 의지와 영상 녹화에서 보이는 의지를 균형감 있게 다루도록 한다.

· **유의사항**

- 시작과 끝을 분명히 한다.
- 편안한 분위기를 조성하고 함께 즐거움을 나눈다.
- 상담자는 마테 메오 기본 요소에 원칙을 둔 태도를 취한다.
- 상담자가 하는 일이 내담자에게 예측 가능하도록 사전에 명명한다.
- 상담목표와 전달하고자 하는 내용에 적합한 영상 장면을 사용하여야 한다.
- 상담목표에 적합하고 성공적 상호작용의 순간을 보여 준다.
- 긍정적인 영상 클립 또는 영상 컷을 보여 준다.
- 한 번에 영상 이미지 한 장면 다룬다. '그림 한 장에 한마디.'
- 짧고 명확한 영상 이미지를 제시한다.
- 긴 설명보다 영상 보는 동안 집중하고 감정몰입하는 것이 훨씬 더 효과적이다.
- 충분한 시간을 주고 그 반응을 주의 깊게 기다린다(Waiting).
- 생각, 감정, 행동 등에 관심을 두고 따른다(Following).
- 이야기를 시작하면 주의 깊게 관심을 기울이고 따른다.
- 위 사항을 거친 후에 이야기한다(Naming).
- 쉽게 이해할 수 있도록 간결한 표현을 사용한다.
- 자신의 언어로 감정을 표현할 수 있도록 지지한다.
- 마테 메오의 핵심은 적합한 영상 이미지와 그에 맞는 조언이다.
- 영상 이미지와 연결된 이야기를 한다.
- 영상을 재생하고 보는 동안 말하지 않는다.
- 영상을 재생하는 동안 내담자의 반응을 우선 기다린다.
- 말하기 시작하면 영상 재생을 잠시 정지한다.
- 필요한 정보는 가능한 한 지지적이고 구체적이며 실천 가능한 방법이어야 한다.
- 이해하기 쉬운 간결한 언어로 전달한다.

④ 3W 상담 시스템

리뷰 상담 시 상담목표에 근거한 주요 주제들을 다룰 때 3W 상담 시스템으로 접근하고 이에 근거하여 상담 및 조언, 필요한 정보를 제공한다. 3W란 언제(When), 무엇(What), 왜(Why)로 어떤 순간에 긍정적 상호작용 또는 행동이 나타는지, 구체적으로 무엇을 또는 어떤 행동을 하는지, 어떤 이유로 하는지, 언제 필요한지에 초점을 두고 대화를 진행한다. 상담 및 조언을 구하는 내담자 또는 부모에게 '언제(무언가를 할 때)', '무엇(무언가를 하는 것)'을, '왜(무언가를 해야 하는 이유)' 해야 하는지 분명하게 알려 주어야 한다(Aarts. J., 2007). 필요한 상담 및 조언을 제공할 때도 3W 상담 시스템을 사용해서 자신이 바라는 것을 성취하기 위해 어떤 구체적인 노력과 실행이 있어야 하는지 영상 이미지를 통해 좀 더 명료화할 수 있다.

일반적으로 일상적인 생활 또는 가족생활에 대한 영상 클립을 통해 내담자의 미숙, 결핍, 부적절한 양육 태도 또는 개인적 약점에 대해 부각해서는 안 된다. 내담자가 달성할 수 없는 요구에 대한 비난, 부정적인 비판 또는 대립적인 자세는 그리 효과적이기 어렵다. 긍정적 개발의 순간, 강점과 자원을 나타내는 순간, 부족하지만 노력이 보이는 영상 이미지가 적절하다.

When
자기 또는 상대방이 행동을 할 때

What
나는 무엇을 해야 하는가?
나는 무엇을 할 수 있는가?
어떻게 반응해야 하는가?

Why
어떤 이유로 해야 하는가?
왜 그것을 해야 하는가?

예시) 어머니가 아이가 한 행동에 대해 웃으면서 박수를 치면서 "오, 잘한다"라고 말하자 아이가 미소 짓고 "아, 재미있어요. 놀이 더 할래요"라고 말한다.

When(어머니가 어떤 행동을 할 때)
어머니가 웃고 박수를 치는 순간에

What(어떤 일이 일어나는가)
아이가 미소 짓고 "아, 재미있어"라고 말한다.

Why(어떤 이유로 그 행동을 더 해야 하는가)
어머니가 웃고 박수 치는 모습이 긍정적이고 편안한 분위기를 조성하고 "잘한다"는 말이 지지, 격려가 되어 아이는 더 놀이에 집중하고 긍정적 경험과 유대감을 쌓아 갈 수 있기 때문이다.

예시) 아이가 학교에 다녀와서 오후 미술 시간에 있었던 일에 대해 이야기한다. 어머니는 아이가 이야기하는 동안 질문하지 않고 경청하고 생각나지 않는 단어가 있어서 머뭇거릴 때 우선 기다려 준다. 이에 아이가 그 단어를 물어보면 대답해 준다.

When(어머니가 어떤 행동을 할 때)
어머니가 하던 일을 멈추고 아이의 이야기에 관심을 기울이고 들어줄 때

What(어떤 일이 일어나는가)
아이는 미술 시간에 있었던 일에 대해 이야기한다.

Why(어떤 이유로 더 해야 하는가)
어머니가 아이에게 관심을 기울이고 이야기에 집중해서 들어주며 서두르지 않는다. 아이가 요청할 때 단어를 알려 줌으로써 아이는 자신의 생각이나 감정을 여유 있게 충분히 표현할 수 있기 때문이다.

예시) 아이가 하굣길에 친구랑 있었던 에피소드에 대해 이야기한다. 아버지는 아이가 이야기하는 동안 중단하지 않고 들어준다. 아이가 "아빠한테 친구 이야기하니 속이 후련해졌어"라고 말한다.

When(아버지가 어떤 행동을 할 때)
아버지가 아이의 이야기를 중단하지 않고 들어줄 때

What(어떤 일이 일어나는가)
아이는 친구랑 있었던 일에 대해 드는 생각이나 감정을 편안하게 이야기한다.

Why(어떤 이유로 더 해야 하는가)
아버지가 아이의 이야기를 중단하지 않고 들어줄 때 지지, 격려가 되어 아이는 용기를 내어 자신의 생각이나 감정을 솔직하게 이야기하는 경험을 쌓을 수 있기 때문이다.

⑤ 마테 메오 정보 제공

상담목표에 적합한 영상 이미지와 동시에 필요한 상담 및 조언, 정보를 제공한다. 이때 성장발달 사항에 반드시 필요한 구체적인 방법을 제공한다. 이는 성장발달을 촉진하고 새로운 가능성을 열어 준다. 지지적 의사소통 기술의 중요성과 일상생활에 구현할 것에 대해서 구체적으로 다룬다. 내담자의 행동 수준에서 필요한 정보를 얻을 수 있도록 행동과 반응에 대해 명확하게 설명할 수 있다.

"아이가 무엇을 하고 있는지 보세요."
"당신이 어떻게 하고 있는지 보세요."
"무슨 일이 일어나는지 보도록 하겠습니다."

내담자가 현재 잘하고 있는 것을 강화시킨다.

"여기 이 장면을 보세요. 어머니는 아이가 자신감을 더 키울 수 있도록 더욱 지지해 주고 있습니다."

⑥ 마테 메오 영상 과제 제시

 마테 메오 영상 과제는 실생활에 적용 가능하고 실천할 수 있는 것으로 정한다. 일상적인 상황에서 실천하는 것을 촬영해 보도록 한다. 약 5분 정도도 충분하다. 마테 메오 기본 요소 중 실천 과제를 정할 때 다음과 같은 사항을 고려할 수 있다.

무엇을 언제 할 수 있는가?
- 내담자는 대상자의 특별한 욕구에 촉진적으로 반응하는가?

예시) 기다리기, 좋은 목소리 톤, 좋은 표정 등
- 내담자는 언제 상황과 대상자에게 적합하게 반응하는가?

예시) 설거지를 마친 시간 등
- 내담자는 어떤 마테 메오 요소를 자연스럽게 사용할 수 있는가?

예시) 좋은 표정, 좋은 목소리 톤, 기다리기, 따르기, 명명하기 등
- 내담자는 언제 바람직하게 대상자의 성장발달을 지지하는 행동을 보이는가?

예시) 원만하고 조용한 분위기, 아이와 시선을 잘 맞출 때 등

무엇이 더 필요한가?
- 어떤 마테 메오 요소를 추가적으로 더 적용해야 하는가?

예시) 좋은 표정, 좋은 목소리 톤, 기다리기, 따르기, 명명하기 등
- 어떤 특별한 욕구를 가진 대상자에게 전문가는 무엇을 할 수 있는가?

예시) 필요시 학교폭력 상담, 위기 상담, 의료기관 연계 등
- 필요시 특정한 과제를 다루고 긍정적으로 안내하면서 필요한 정보를 제공할 필요가 있는가?

예시) 적극적 경청하기 연습을 위해 '기다리기' 실천 및 영상 과제 반복하기와 자녀 양육 시 그것이 필요한 이유를 설명

⑦ 종결

본 상담회기의 내용 요점을 정리하고 다음 단계에서 진행될 주요 사항 및 영상 과제, 즉 다음 회기까지 영상 촬영 미션에 대해 협의한 것에 대해 한 번 더 알려 준다. 다음 일정을 정하고 리뷰 상담을 마친다.

"다음 주 목요일에 다음 영상을 보면서 어떻게 진행되고 있는지 볼 수 있습니다."

전체 상담 종결 시, 상담 과정의 내용 요점을 정리한다. 마지막 회기를 종결하고 몇 개월 후 후속 조치에 대한 권장 사항은 상담효과로 인한 일상생활에서 어떤 변화가 있는지, 얼마나 있는지, 원하는 바를 실행해 봤는지 확인한다.

"오늘 상담 종결 후 한 달 후에 사후 상담을 진행합니다. 그동안 자녀와의 원활한 의사소통을 위해 마테 메오 기본 요소를 실천하면서 일상생활에 어떤 변화가 있는지, 당신이 원하는 것을 실행해 봤는지 이야기 나누도록 하겠습니다."

단계별 영상 이미지 기반한 리뷰 상담 예시

1. 1단계 - 인식
2. 2단계 - 명명
3. 3단계 - 행동 및 반응 체계 인식
4. 4단계 - 마테 메오 요소와 연결 짓기
5. 5단계 - 필요한 상담 및 조언 제공

🎬 엄마와 아이가 함께 자유롭게 놀이하는 상황이 담긴 영상을 볼 경우

1) 1단계 - 인식

내담자가 집중하고 스스로를 관찰할 수 있도록 이끈다. 설명보다 스스로 발견하도록 한다. 설명은 최대한 간결하게 한다. 이때 가장 중요한 것은 서두르지 않고 기다리는 것이다. 영상 이미지를 시청하는 동안 감정을 몰입하는 것이 상담자의 설명보다 효과적이다.

한 번에 한 장면만 다룬다.
"이제 한 장면을 보도록 하겠습니다."

내담자가 주의를 기울이도록 이끈다.
"자, 여기를 보세요."

자신 및 상대방이 무엇을 하고 있는지 주의 깊게 볼 수 있게 한다.
"자, 여기를 보세요. 아이가 무언가 하고 있습니다. 당신이 어떻게 하는지 잘 보세요."

자신 및 상대방이 어떻게 말하는지 주의 깊게 들을 수 있게 한다.
"자, 여기를 보세요. 아이가 무언가 말하고 있습니다. 당신이 어떻게 말하는지 잘 들어 보세요."

내담자가 주의 깊게 관찰해야 할 것을 알려 준다(Focus in Image).
"자, 여기를 보세요. 어머니는 아이가 자동차 장난감을 가져올 때까지 기다립니다."

영상 이미지에 설명은 간결하게 한다.
"엄마는 아이가 하는 행동에 대해 이야기합니다."

어떤 일이 일어나는지, 무엇이 보이는지 설명한다. 해석하지 않는다.
"아이가 자동차 장난감을 바닥에 던집니다."

내담자가 집중하고 관찰하도록 충분한 시간을 주고 반응을 기다린다.
"자, 어떤 일이 일어나는지 충분히 지켜보시기 바랍니다"라고 말하고 반응이 일어나기까지 기다린다.

내담자가 먼저 영상 이미지에 대해 이야기를 시작하면 적극적으로 경청한다.
상담자는 내담자에게 주의를 기울이고 따라가며 이야기를 마칠 때까지 충분히 기다린다.

이야기한 내용에 대해 확인하고 인정한다.
"아, 그런 내용이 떠오르셨군요."

한 장면을 충분히 다룬 후 다음 영상 이미지를 다룬다.
"자, 다음 장면을 보겠습니다."

한 장면 다룰 때 시작과 끝을 분명히 한다.
"자, 시작하겠습니다."
"자, 마치겠습니다."

2) 2단계 – 명명

내담자와 대상자의 행동, 생각, 감정, 언어 및 비언어적 표현에 대해서 **간결하게 명명한다(Naming)**. 명명 시 과장된 표현을 삼간다. 자신의 모습에 주의를 기울일 수 있도록 특별한 언어적 전달 방식을 사용한다.

"여기를 보세요, 아이가 자동차를 들고 있습니다." (행동 명명)
"여기를 보세요. 아이가 미소 짓는 동안 자신의 느낌을 보여 주고 있습니다." (감정 명명)
"여기를 보세요. 아이가 엄마에게 사랑해, 라고 말합니다." (언어 명명)
"여기를 보세요. 엄마의 말에 아이가 고개를 끄덕이며 웃고 있습니다." (비언어 명명)

3) 3단계 - 행동 및 반응 체계 인식

1, 2단계에서는 영상 클립을 재생한 후 적합한 영상 이미지의 순간을 정지시키고 무슨 일이 일어나고 있는지 설명하고 그에 대한 '반응 순간'을 보여 주면서 명명한다. 이때 내담자의 반응을 충분히 기다린다(Waiting). 서두르거나 재촉하지 않는다. 내담자의 상태와 수준에 맞게 충분히 정서적으로 머문다. 이어서 내담자의 반응 속도와 관심을 두는 것에 초점을 두고 따라간다(Following). 이런 방법으로 한 장면, 한 주제 다룰 때마다 그에 대한 반응이 일어날 때까지 충분히 기다린다. 영상 클립 시청 중에 내담자가 이야기하기 시작하면 플레이를 중지하고 적극적으로 경청한다(Attentive Following). 자신의 행동, 생각, 감정에 대해서 충분히 이야기하도록 지지한다(Following). 내담자가 영상 클립을 시청하는 동안 그의 반응을 조용히 기다리고(Waiting) 난 후 인식한 것을 확인하고 상담목표나 주제와 연결 지어 영상 이미지로 인해 떠오르는 어떤 사건, 상황, 대상, 생각, 욕구, 의미, 해석 때문에 생긴 감정을 반영해 준다(Naming). 영상 클립은 비로소 영상 이미지가 되었다. 내담자는 그 영상 클립에 감정적으로 반응하기 위해서 충분한 공간과 시간이 필요하다. 상담자가 감정에 초점을 맞출 때 내담자는 자신이 이해하고 공감한 감정을 이야기하고 이때 반영은 자신의 복합적인 감정을 변별하도록 해 준다. 또한 강렬한 정서 경험에 대해 이야기할 기회를 제공하며 이를 통해 변형된 감정의 의미를 깊이 탐색하고 통

찰할 수 있게 한다. 내담자는 자신의 말을 통해서 스스로 자신의 마음을 탐색하고 헤아리며 또한 상대방에 대한 자신의 영향력을 더 인식할 수 있다. 무엇보다 반영을 통해 자신이 보고 관찰한 자신의 모습에 대해 심리적으로 가깝게 느끼고 영상 이미지를 선택한 상담자로부터 깊이 이해받고 있다는 느낌을 받게 된다. 더욱 적극적이고 진솔하게 참여하도록 동기를 부여하여 강력한 신뢰관계 형성과 치유적 대화를 촉진하게 된다. 영상 이미지가 보여주는 '자기'와 내면적 '자기'가 만나게 된다. 관찰과 대화를 기반으로 한 영상 이미지를 통해 새로운 해석이 일어난다. 이제 어떻게 할 것인가? 이대로 머물 것인가? 이제 달라질 것인가?

"아, 제가 이런 모습이군요."
"기분이 이상해요."
"옛날 기억이 떠올라요."
"제가 웃을 때마다 아이가 행복해 보여요. 확실히 제 웃음이 아이에게 영향을 주는군요. 분위기가 다릅니다."

4) 4단계 – 마테 메오 요소와 연결 짓기

영상 이미지 속에서 내담자가 상대방에게 취하는 긍정적 행동 및 지지적 반응 체계를 마테 메오 요소와 연결 지어 명명해 주고 각 영상 클립은 이제 내담자에게 하나의 스토리가 있는 영상 이미지로 이어지고 상담자의 명명을 통해 마테 메오 요소가 일어나는 상황에 대해 이해하고 연습할 수 있다. 내담자의 속도에 맞춘다. 상태와 수준에 적합해야 한다. 지나치게 서두르거나 강요하지 않는다. 모든 사람이 모든 것을 다 갖추고 있진 않다. '잘 작동하는 것을 더 잘해도 된다.' 모든 대화의 요소나 기술은 다 통하기 마련이다. 예를 들어 어떤 어머니가 기다리기를 잘한다고 가정하자. 적극적 경청이란 상대방의 발언을 청취하고 중간에 이야기를 자른다거나 예단하지 않는 것이다. 잘 듣는 것이다. 적극적 기다림이란 상대방에게 주도권을 주고 존중하면서 기다려 주는 것이다. 주의 깊게 기다리다 보면 상대방의 주도적 행동이나 언어에 대해 자연스럽게 관찰하게 된다.

"여기를 보세요. 아이가 거실 바닥에 놓여 있던 자동차 장난감을 줍고 있습니다. 어머니는 '○○아, 자동차 장난감을 줍고 있구나'라고 말하면서 아이가 하는 행동을 확인하고 반응해 줍니다."
"여기를 보세요. 아이는 웃으며 자신의 느낌을 보여 줍니다. 그의 어머니는 미소로 답합니다. 이렇게 이들은 정서적으로 교류하고 있습니다."

5) 5단계 – 필요한 상담 및 조언 제공

상담목표에 적합한 영상 이미지 제시 및 반영에 덧붙여 상담 및 조언, 충고, 필요한 정보를 제공한다. 성장발달 사항에 반드시 필요한 구체적인 방법을 제공한다. 이는 성장발달을 촉진하고 새로운 가능성을 열어 준다. 지지적 의사소통 기술의 중요성과 일상생활에 구현할 것에 대해서 구체적으로 다룬다. 다음 과제와 일정을 함께 논의하고 정한다. 마리아 아츠는 구체적인 정보가 중요하다고 하였다. 그냥 아이를 잘 키우시면 됩니다, 라고 모호하고 추상적으로 말하기보다 내담자에게 가장 적합하며 필요한 구체적인 정보를 알려 줘야 한다고 거듭 강조한다.

"의사소통 기술을 구체적으로 알고 싶어요."
"제가 아이와 이야기할 때 표정이 딱딱한 걸 알았어요. 표정을 좀 더 부드럽게 짓고 대화하고 싶어요."
"우리 아이와 이야기할 때 끝까지 들어주는 모습을 봤는데 저한테도 그런 모습이 있다니 참 신기해요. 더 연습해 볼까 해요."

리뷰 상담 시 영상 이미지 재생 기술과 효과

　영상 이미지 기반한 리뷰 상담 시 상담목표에 적합한 장면을 가장 적합하게 제공하기 위해 다음과 같은 여러 가지 다양한 재생 기술을 사용할 수 있다. 영상 이미지는 전달 방법에 따라 선택한 영상 클립 및 영상 컷을 다양한 기법으로 재생할 수 있다. 다양한 기법에 따라 현재 관점에서 영상 속 등장인물 간의 상호작용을 명확히 관찰할 수 있고 자신의 행동에 따른 결과와 영향을 눈으로 직접 경험할 수 있다. 정서적으로 적극 참여할 수 있도록 집중적인 분위기를 조성할 수 있다. 경우에 따라 영상 이미지의 주요 초점은 내담자 또는 대상자에게 향할 수 있다.

- 선택한 영상 클립 전체 사용
- 선택한 영상 컷 일부 사용
- 필요에 따라 다른 순간 장면과 더해서 재구성
- 여러 개의 정지 컷 사용
- 슬로우 비디오
- 시간적 연속성 화면 사용
- 시간적 비연속성 화면 사용 등

　대부분은 영상 재생 중 특정한 장면에 정지하고 머물게 되는데 이때 내담자가 느끼는 감정과 그 영향에 대해 이야기하도록 지지하고 돕는다.

1) 타임라인의 유연한 재구조화

장면의 시간적 조작은 영상 내용의 흐름을 파괴하지 않으면서 현재와 과거의 순서를 변경할 수 있으며 내담자로 하여금 더 강렬한 정서를 불러일으키고 메시지와 내용을 효과적으로 전달할 수 있다. 결과를 먼저 보여 주고 그 원인을 후에 보여 준다. 원인과 결과의 도치가 일어난다. 어떤 일이 일어난 시간의 흐름을 바꿈으로서 내담자가 자신의 감정에 더 몰입하고 집중해서 영상을 관찰할 수 있도록 한다. 호기심과 집중력 증대를 통해 자기 통찰을 극대화할 수 있는 기술이다. 타임라인을 유연하게 재조합해서 아이가 어머니의 말에 고개를 끄덕이며 웃는 표정을 보여 준다. 이때 "이 직전에 어떤 일이 일어났을까요?"처럼 상담자의 멘트가 중요한 역할을 한다. 특히 긍정적인 결과가 일어난 장면을 먼저 보여 주고 어떻게 해서 그 장면이 일어났는가 하는 장면은 후에 보여 준다. "자, 그럼 장면을 보도록 하겠습니다"라고 말하며 집중하도록 돕는다. 어머니가 온화한 표정과 목소리 톤으로 아이를 다정하게 대하면서 시선을 마주하고 있는 모습을 보여 준다.

2) 영상 이미지 사이의 간격을 두고 재생과 정지

　영상 이미지를 보여 줄 때 재생과 정지를 통해 장면의 간격(Interval)을 만들어 준다. 이 간격이 적당할 때 내담자는 자신의 정서적인 상상력을 확보할 수 있다. 사실적인 시간의 흐름과 달리 재생과 정지를 통해 시간의 흐름은 달라지며 1초 미만의 순간 동안 일어나는 상호작용을 좀 더 미세하게 관찰할 수 있다. 재생과 정지의 간격은 관찰할 영상 이미지가 된다. 성공적 상호작용의 결과와 과정을 연결하는 토대가 된다. 상호작용의 관계를 중점적으로 살펴볼 수 있도록 재현해준다. 일정한 간격을 두고 특정한 장면을 강조함으로써 마테 메오 기본 요소가 분명하게 나타나게 가시화할 수 있다. 또한 여러 번 재생과 정지를 반복함으로서 스스로 자세하게 관찰하며 이전에 알아차리지 못한 것을 발견하도록 돕는다. 재생하는 동안 내담자의 집중을 돕고 정지했을 때 대화를 나누도록 한다.

3) 영상 이미지 머물기 '정지와 스틸 컷'

　영상 이미지 재생을 잠시 정지하거나 한 컷만 골라 '스틸 컷'을 보여 주고 머물면서 차용된 이미지를 통해 내담자의 감정과 그 영향에 대해 이야기하고 상담 주제와 연결시켜 진행할 수 있다. 이때 영상 이미지가 주는 익숙함과 낯섦, 그것은 어떤 감정과 생각을 불러일으키는가에 따라서 '내가 저런 모습인가요?', '낯설다'처럼 익숙하면서도 새로운 감정이 일어난다. 긍정적 모습을 보여 줄수록 상담 초반부에는 낯설게 느낄 수 있다. '스틸 컷'은 내담자의 긍정적인 모습을 보여 줄 때 사용함으로써 자신에 대해 긍정적 이미지를 형성할 수 있다.

자신의 이미지에 대한 선명도에 따라 변화가 일어난다. 자신과 영상 속 모습을 통합시켜 나간다. 자신과 영상 속 모습 간의 차이를 선명하게 여길수록 낯설다. 자신과 영상 속 모습 간에 경계가 모호해질수록 '항상 저렇게 애들에게 잘하는 건 아니에요. 제가 저런 모습인지 몰랐어요'처럼 인식의 변화가 일어난다. 자신과 영상 속 모습 간에 경계가 흐려질수록 '아! 저 순간에 제가 저런 행동을 했군요'처럼 자신의 행동을 알아차린다. 영상 이미지에 충분히 머물면서 감정과 생각이 떠오를 때까지 기다려 준다.

4) 영상 이미지의 잔상 효과

영상 이미지의 잔상은 외부 자극이 사라진 뒤에도 그때 느낀 감각 경험은 지속되는 상이다. 잔상 효과란 우리 눈이 어떤 것을 보고 난 다음 시선을 떼면 이미지는 사라지지만 약 1/10초 동안 여전히 그 이미지를 보고 있는 것처럼 느끼는 현상을 말한다. 즉 시각적으로 한 번 본 것이 아주 짧은 시간 동안 뇌 속에 남아 있는 현상이다. 이 잔상 효과를 이용하여 자신의 영상 이미지를 한참 바라본 뒤에 눈을 감아도 그 상은 나타나게 된다. 사람의 눈은 약 1/16초 동안 잔상 효과를 가진다. 일련의 연속적인 정지 화상은 부드럽게 움직이는 동영상으로 느껴지게 할 수 있다. 초당 10개의 정도의 정지 화면은 움직이는 동영상으로 느껴질 수 있는 것이다. 한 컷 또는 여러 컷의 영상 이미지로 자신의 긍정적 모습에 대한 잔상을 남기고 이러한 효과는 일상생활에서도 자주 떠올려보게 한다. 멈추고 머물면서 음미한다. 어떤 방식으로 스스로에게 낯설고 익숙하게 남는가? 자신이 어떤 모습으로 보이는가? 어떤 모습으로 통합할 것인가? 어떤 모습을 지향할 것인가? 에 따라서 자신의 정체성을 확인하고 일상생활에 영향을 미친다. 상담 주제에 맞는 영상 이미지가 정지되어 있는 동안 이야기를 나눈다. 이때 나누는 이야기는 이미지와 연결된다.

5) 클로즈 업

클로즈 업은 가장 흔하게 내담자의 모습을 묘사하는 데 사용할 수 있다. 내담자가 처해 있는 상황에 집중할 수 있고 그가 느끼는 감정의 흐름을 전달할 수 있다. 영상 속 인물의 심리적 상황, 그들 간의 상호작용과 의사소통을 자세히 관찰할 수 있다. 클로즈 업 장면을 바라보면서 불편해하는 자신을 발견할 수도 있다. 확대된 얼굴 표정을 읽고 자신의 상황에 몰입하는 순간이 오게 되는 이 과정에서 본인 역시 외면하고 있던 자신의 모습을 발견한 느낌을 받을 수 있다.

또한 클로즈 업은 얼굴 표정을 가장 강력하게 드러나게 하는데 눈짓, 응시, 곁눈질, 노려보기, 눈이 보여 주는 비언어적인 영역 등 내담자가 대상자에게 지니고 있는 감정을 발견하는 것을 돕는다. 특히 부모가 자녀를 대할 때 두 사람의 표정을 관찰하는 데 효과적이다.

6) 슬로우 비디오(slow video)

슬로우 비디오는 실제보다 느린 속도로 재생하는 것을 말한다. 특정한 장면에 대해 시간적 흐름을 조정하여 천천히 몰입하면서 집중할 수 있다. 강한 인상을 줄 수 있다. 재빨리 지나가는 행동이나 표정에 대해 효과적으로 관찰할 수 있다. 클로즈 업 기법과 적절히 동시에 사용할 수 있다. 또한 긍정적 상호작용의 순간이 매우 짧게 나타날 때 슬로우 비디오 기법을 사용하면 좀 더 그 순간에 머물면서 관찰하는 데 용이하다.

7) 롱, 숏 영상 이미지

영상의 언어적·시각적·청각적 이미지는 각각 클로즈 업 영상과 롱, 숏 영상 보기 방법을 통해 내담자로 하여금 집중할 수 있도록 흥미를 북돋고 순간순간 심사숙고하면서 다시 경험하게 하고 집중하여 자세히 관찰하고 새로운 것을 발견하고 의미를 알아차릴 수 있도록 돕는다.

8) 음성 집중 및 음소거

영상 이미지 재생 중 음성을 통해 말에 대해 집중할 수 있도록 돕는다. 청각적인 음성 대사 듣기 방법을 통해 내담자로 하여금 말에 다시 집중하게 하고 보기와 듣기의 상호보완성을 유도함으로써 영상 이미지 속에서 놓친 의미, 무딘 의미를 새롭게 알아차릴 수 있도록 돕는다. 음소거함으로써 표정, 자세, 태도, 제스처 등 자세히 살펴볼 수 있고 그 순간 다시 하고 싶은 말을 찾아볼 수 있다.

마테 메오 상담자 자세와 태도 - 강점 중심, 긍정접근

　마테 메오 상담자는 내담자가 자신감을 가지고 자기실현에 도달하고 희망감을 지속하고, 자신 및 타인과 신뢰감을 형성하면서 자신의 긍정적 자원에 쉽게 접근할 수 있도록 통로를 열어 줄 수 있다. 개인의 성장과 변화에 대한 동기를 촉진시킬 수 있다. 이에 내담자의 일상을 촬영한 영상에서 긍정적 자원을 발견할 수 있어야 한다. 또한 마테 메오 전문성에 근거해서 내담자에게 상담 및 조언을 제공해야 한다. 그 방법은 내담자 개인의 삶을 반영하고 이해가 쉬운 언어로 구사하면서 그들의 실제적인 생활과 여건에 적절해야 한다. 대화 시 가능한 한 긍정적인 표현을 사용해서 그들이 자신의 내면에 적극 수용할 수 있도록 돕고 구체적인 주요 호소와 고충, 문제에 대한 질문에 직접적으로 응하는 내용이어야 한다.

- 상담자는 내담자가 편안하게 자신의 어려운 이야기를 할 수 있는 분위기를 조성해야 하고 내담자의 문제 및 증상, 원인, 관련 요인, 상담 개입 방향과 방법 등 상담 사례개념화에 대한 전문성을 갖추어야 한다.
- 마테 메오 상담의 3가지 기본 사항으로는 상담목표에 가장 적합한 영상 클립, 이에 기반한 상호 간의 대화에 대한 반영, 성장발달에 필요한 상담 및 조언을 제공하는 것이다.
- 상담 과정은 내담자가 변화되기를 바라는 욕구 확인에 따른 행동과 구체적인 조언과 이후 상담 진행과 관련한 사항 및 과제, 즉 다음 회기까지 후속 영상 촬영 미션에 대해 협의한 후 마친다(Hawellek. C., 2017).

상담자의 자세와 태도는

- 내담자의 성공적 상호작용 장면을 통해 성취감을 강화한다.
- 내담자의 긍정적 강점과 자원을 발견하는 데 노력을 기울인다.
- 내담자의 문제를 대할 때 문제 해결을 효과적으로 돕는다.
- 해결중심적인 자세와 태도를 갖는다.
- 내담자의 바라는 것과 해결에 초점을 맞춘다.
- 내담자의 문제 원인보다는 강점에 중점을 둔다.
- 마테 메오 상담으로 모든 문제를 해결할 수는 없다.
- 필요시 해당 영역의 전문성에 기반한 가운데 마테 메오 상담을 병행한다.
  예시) 학교폭력, 각종 위기 상담 시 그에 해당되는 전문성을 갖추는 등
- 내담자의 삶을 바꿀 수는 없다. 그러나 관점은 변화하고 발전할 수 있다.
- 위기 상황 또는 문제 중심의 장면 위주로 촬영하지 않는다.

마테 메오 실천 과제 부여 시,

- 내담자의 실생활에 적합한 과제를 부여한다.
- 내담자의 의사소통 기술 중 긍정적인 것부터 시작한다.
- 내담자가 바로 이해할 수 있도록 일상의 사소한 것부터 시작한다.
- 실생활에서 의사소통 기술을 구체적으로 실천할 수 있도록 한다.
- 내담자가 현재 할 수 있는 것을 시작한다.
- 내담자 스스로 변화의 정도를 인식할 수 있도록 돕는다.

리뷰 상담 시,

- 상담목표 및 리뷰 상담에 가장 적합한 영상 이미지를 선택한다.
- 비디오 상호작용 분석법을 사용한다.

- 영상 이미지를 다룰 때 단계별로 제시한다.
- 내담자가 충분히 여유 있게 자신의 영상 이미지에 머물도록 기다려 준다.
- 영상 이미지에 보이는 것만 상담 내용으로 다룬다.
- 가능한 한 말을 아낀다.
- 간결한 언어로 표현한다.
- 필요한 정보만 제공한다.
- 적극적으로 기다리고 경청한다.
- 밝은 얼굴 표정과 목소리 톤을 사용한다.
- 언어적, 비언어적 자세에 주의를 기울인다.
- 긍정적 태도를 취한다.
- 내담자의 반응을 충분히 기다린다.
- 내담자의 관심을 주의 깊게 따라간다.
- 내담자의 이해 속도에 맞춘다.

리뷰 상담 후 자가평가 체크리스트

영상 이미지 기반한 리뷰 상담법은 마테 메오의 핵심 방법이다. 마테 메오 리뷰 체크리스트는 상담자의 발전 과정을 확인할 수 있으며 자가적으로 진행 상황을 점검할 수 있다. 또한 이를 바탕으로 내담자에게 적절한 지원 방법에 대한 정보를 제공할 수 있다. 리뷰 상담을 진행하는 동안 상담자는 내담자의 성장발달 과정을 촉진하는 데 필요로 하는 지원 행동에 대해 쉽게 이해할 수 있는 언어로 구체적이고 실용적인 정보를 간결하게 전달할 수 있어야 한다(Aarts, 2011). 구조, 커뮤니케이션, 정보 세 가지 영역으로 구분하여 실용적으로 자가점검 및 학습 할 수 있다(Aarts. M., 2011).

리뷰 상담 후 상담자는 체크리스트를 사용하여 자가적으로 상담을 평가해 볼 수 있다.

[마테 메오 리뷰 체크리스트(Marte Meo-Review-Checklists) 1]

구분	내용	그렇다	보통	그렇지 않다
C	정서적으로 시작한다.			
S	시작을 분명히 한다.			
S	편안한 분위기를 만든다.			
S	영상 화면이 잘 보이는 적당한 자리로 안내한다.			
S	리뷰 상담 과정을 설명한다.			
S	과정을 단계별로 설명한다.			
C	내담자의 문제, 소망 또는 지난 회기 내용을 상기시킨다.			
I	상담목표에 적합한 영상 장면을 사용한다.			
C	내담자와 이야기를 나눌 때 시선을 맞춘다.			
C	내담자가 영상에 대해 먼저 이야기할 수 있도록 기다린다.			
C	내담자가 이야기할 때 경청한다.			
C	대화를 지속한다.			
C	중요한 순간이 발생할 때 지지해 준다.			
C	정서적 표현에 관심을 기울인다.			
C	감정 표현을 지지해 준다.			

[기호 설명]

구조: S(Structure)
커뮤니케이션: C(Communication)
정보: I(Information)

그렇다: 현재 개발되었다.
보통이다: 개발 중이다.
그렇지 않다: 개발되어야 한다.

(Maria Aarts, 2011)

부모 자녀 관계 리뷰 상담 체크리스트

부모 자녀 관계 리뷰 상담 후 상담자는 체크리스트를 사용하여 자가적으로 상담을 평가해 볼 수 있다.

[마테 메오 부모 자녀 관계 리뷰 체크리스트
(Marte Meo-Review-Checklists 2)]

구분	내용	그렇다	보통	그렇지 않다
S	영상 화면이 잘 보이는 위치에 자리를 정한다.			
S	리뷰 상담 진행 과정을 설명한다.			
S	상담자가 하는 행동에 대해 명명한다.			
S	마테 메오 영상과제를 다룬다.			
C	편안한 분위기를 조성한다.			
C	시작을 분명히 한다.			
C	과정을 단계별로 설명한다.			
C	내담자의 언어적, 비언어적 이니셔티브를 따른다.			
C	말할 때 영상 재생을 정지한다.			
C	기쁨과 즐거움을 나눈다.			
C	비디오 상호작용 분석한 내용은 대상자의 발달 단계와 연결 짓는다.			
C	충분히 시간을 두고 머물고 기다린다.			
C	종결을 분명히 한다.			
I	영상 이미지를 통한 필요한 정보는 해당 상황에만 적용한다.			
I	상담목표와 주제를 확인한다.			

I	영상 이미지는 관찰 가능한 내용이다.			
I	마테 메오 기본 요소에 근거를 두고 상호작용한다.			

[기호 설명]

구조: S(Structure)
커뮤니케이션: C(Communication)
정보: I(Information)

그렇다: 현재 개발되었다.
보통이다: 개발 중이다.
그렇지 않다: 개발되어야 한다.

(Bünder. P. 외 공저, 2015)

마테 메오 자격교육 과정

마테 메오라는 이름은 전 세계 단일로 등록된 글로벌 자격 교육 상표이다. 자격 교육 과정은 마테 메오 국제 본부(Marte Meo International)에 공식적으로 게재되어 있으며 마테 메오 핸드북(Marte Meo Handbook) 제6장에 자세히 소개되어 있다(Aarts, 2015).

마테 메오 자격 교육은 임상 현장 교육 중심으로 심리 및 교육, 각 사회 복지 분야에서 활동하는 종사자들의 실질적인 활동을 전제로 한다.

마테 메오 자격 교육 과정은 4단계로 구성되며 전 세계의 교육생들은 각 단계별로 내용을 이수하고 마테 메오 국제 본부에 등록 후 자격증을 수여받는다.

1) 마테 메오 프랙티셔너 교육 과정(1단계)

1단계 자격 교육 과정은 발달지지적인 커뮤니케이션 접근법을 통한 마테 메오 상담 모델에 대한 기본적인 내용으로 구성되어 있다. 이 과정에서는 교육생들의 실제 임상 현장이나 일상생활에서 다른 사람들과 상호작용하는 모습을 촬영한 후 영상 분석 슈퍼비전을 통해 자신의 긍정적인 이미지를 셀프 모델링 학습할 수 있다. 마테 메오 의사소통 기술을 자신 및 일상에 통합시키는 기법을 학습한다. 자격 취득을 위한 일반적인 마테 메오 기간은 월 1회 기준으로 6개월에 걸쳐 총 6회의 교육을 수료해야 한다. 교육 과정의 주요 내용은 다음과 같다.

- **1회차**: 교육용 영상을 통한 마테 메오 기본 요소 소개
- **2~5회차**: 참가자들의 실제 영상사례를 통한 마테 메오 의사소통 기본 요소 관찰
- **6회차**: 참가자들의 사례 발표 및 수료식

Marte Meo International에 'Marte Meo Practitioner' 자격자로 등록 및 인증을 받기 위해 교육생 스스로 일상 및 업무환경에서 일어나는 다양한 상호작용 순간을 직접 체험하고 2~3개의 비디오 클립을 만들어 마테 메오 요소를 관찰하도록 하고 있다.

2) 마테 메오 치료사, 마테 메오 코칭 교육 과정(2단계)

2단계 자격 교육 과정은 영상 관찰에 기반한 상담 및 치료, 코칭에 대한 기본적인 내용으로 구성되어 있다. 이 과정에서는 교육생이 상담자로서 내담자 또는 고객을 대상으로 한 상담 또는 코칭 방법을 학습할 수 있다. 이때 마테 메오 영상 이미지 상담에 적합한 영상 클립의 선별 분석법뿐만 아니라 슈퍼바이저의 지도 감독하에 교육생들의 실제 다양한 상황에서 영상 이미지에 기반한 상담 및 치료

를 계획하고 실행하는 방법에 대해서 학습한다. 이 교육 단계에 대한 최종 인증 기준은 총 4~6개 마테 메오 영상 이미지 상담 사례의 전 과정을 수련감독자의 지도하에 발표함으로써 자격을 취득할 수 있다. 자격 취득을 위한 일반적인 소요 기간은 월 1회 기준으로 1년 6개월~2년의 시간을 두고 최소 총 12회의 교육을 수료해야 한다. 교육 과정의 주요 내용은 다음과 같다.

- 마테 메오 기본 요소 및 내용 심화
- 비디오 상호작용 분석법
- 마테 메오 체크리스트 사용한 상담기법
- 마테 메오 3W 상담 시스템을 통해 집중적으로 리뷰 상담 시연

3) 마테 메오 슈퍼바이저(3단계)

3단계 자격 교육 과정은 교육생이 슈퍼바이저 또는 자격 취득 인증 기준의 교육 강사로서 마테 메오 슈퍼비전, 교육 방법을 학습할 수 있도록 구성되어 있다. 수료 후 슈퍼바이저 자격을 취득한다. 교육 단계에 대한 최종 인증 기준은 총 4~6개 마테 메오 상담 치료 및 코칭 교육 사례의 전 과정을 수련감독자의 지도하에 발표함으로써 자격을 취득할 수 있다. 본 교육과정은 마테 메오 수련감독자(Licensed Supervisor)의 지도 감독하에 진행되어야 한다.

4) 마테 메오 수련감독자(4단계)

수련감독자는 마테 메오 국제 본부에서 승인 및 지정하고, 지정된 수련감독자는 자격 취득에 필요한 전반적인 교육 과정에 대해 전문성과 책임성을 갖추어야 한다.

- 마테 메오 인터내셔널 본부(Marte Meo International)
  Molenveld 20
  5611 EX Eindhoven
  The Netherlands
  Tel: (+31) 40 246 05 60
  e-Mail: aartsmaria@martemeo.com
  www.martemeo.com

- 독일 파흐풀 교육원(fachpool gGmbH)
  '독일 루어지역 마테 메오 국제 역량센터'
  (International Marte Meo Competence Center Ruhr)
  Walter-Bälz-Str. 56
  44625 Herne
  Tel: (+49) 2323-99 38 59-2
  e-Mail: info@fachpool.de
  www.fachpool.de

- 한국 마테 메오 교육
  (재) 푸른나무재단
  서울시 서초구 서초대로 46길 88
  Tel: 02-585-0098
  e-Mail: martemeokorea@naver.com
  www.btf.or.kr

참고 문헌

- Aarts. J. (2007). Marte-Meo-Methode für Schulen. Entwicklungsfördernde Kommunikationsstile von Lehrern - Förderung der Schulfähigkeit von Kindern. Aarts Productions, Eindhoven, Niederlande.
- Aarts. M. & Aarts, J. (2019). Das goldene Geschenk. Aarts Productions, Eindhoven, Niederlande.
- Aarts. M. & Aarts, J. (2020). The Golden Gift. Aarts Productions, Eindhoven, Niederlande.
- Aarts. M. & Rausch, H. (2009), Marte Meo Kommunikationstraining, "Mir fällt nix ein", Aarts Productions, Eindhoven, Niederlande.
- Aarts. M. & Schwing. R. (2009). Neue Blickwinkel. Paarberatung:Marte Meo und systemische Therapie. DVD Eindhoven:Aarts Productions.
- Aarts. M. (1995). Aus eigener Kraft-Systhema.
- Aarts. M. (2002). Marte Meo. Ein Handbuch. Harderwijk: Aarts Productions.
- Aarts. M. (2005). Von der Botschaft hinter den Problemen. In: Hawellek, C.; v. Schlippe, A., Entwicklung unterstützen - Unterstützung entwickeln. Systemisches Coaching nach dem Marte Meo Modell. Göttingen: V & R.

- Aarts. M. (2009, 2011, 2015). Marte Meo Handbuch-Eindhoven: Aarts Productions.
- Bandura. A. (1979). Sozial Kognitive Lerntheorie. Stuttgart: Klett-Cotta.
- Bateson. G. (1985). Ökologie des Geistes. Frankfurt: Suhrkamp.: Hawellek, C. (1997). Von der Kraft der Bilder. Systhema, 2, pp.125-135(재인용).
- Bauer. J. (2006). Warum ich fühle, was Du fühlst. Intuitive Kommunikation und das Geheimnis der Spiegelneurone. Hoffmann und Campe-Verlag.
- Bünder. P. & Sirringhaus-Bünder. A. & Helfer. A. (2009). Lehrbuch der Marte Meo Methode. Entwicklungsförderung mit Videounterstützung. Göttingen: Vandenhoeck & Ruprecht.
- Bünder. P. & Sirringhaus-Bünder. A. & Helfer. A. (2015). Lehrbuch der Marte Meo Methode. Vandenhoeck & Ruprecht, Stuttgart.
- Dornes. M. (1995). Der kompetente Säugling. Die präverbale Entwicklung des Menschen(2 ed.). Frankfurt a. M.: Fischer.
- Dorsch. F. & Häcker. H. & Becker-Carnus. C. (2004). Dorsch Psychologisches Wörterbuch(14.,vollst.überarb. und erweiterte Aufl. ed.). Bern: Huber.
- Eliot. L. (2003). Was geht da drinnen vor? Die Gehirnentwicklung in den ersten fünf Lebensjahren. 4. Auflage, Berlin Verlag, Berlin.

- Ellgring. J. H. (1989). Der Wert des Videos in der Psychoth erapie. Video in Psychiatrie und Psychotherapie. https://opus.bibliothek.uni-wuerzburg.de/opus4-wuerzburg/frontdoor/deliver/index/docId/3740/file/Elllgring_Wert_Video_Psychotherapie.pdf
- Gill. E. H. & Thorød. A. B & Vik. K. (2019). Marte Meo as a port of entry to parental sensitivity - a three-case study. BMC Psychiatry 19, Article nummer:5(2019).
- Grawe. K. (1995). Abschied von psychotherapeutischen Schulen. Integrative Therapie, 21(1), pp.84-89.; Hawellek. C. (1997). Von der Kraft der Bilder. Systhema, 2, pp.125-135(재인용).
- Hawellek. C. & Meyer zu Gellenbeck. K. (2005). Die "Kunst der kleinen Schritte". Marte Meo: Ein Modell und eine Methode sozialer Intervention. In: Hawellek C.; v. Schlippe. A.(Hg.), Entwicklung unterstützen - Unterstützung entwickeln. Systemisches Coaching nach dem Marte Meo Modell. Göttingen: pp.37-55.
- Hawellek. C. & Meyer zu Gellenbeck. K. (2005). Die "Kunst der kleinen Schritte". Marte Meo: Ein Modell und eine Methode sozialer Intervention. In: Hawellek. C.; v. Schlippe. A. (Hg.), Entwicklung unterstützen - Unterstützung entwickeln. Systemisches Coaching nach dem Marte Meo Modell. Göttingen: pp.75-85.
- Hawellek. C. & Schlippe, A. von, (2005). Entwicklung unterstützen - Unterstützung entwickeln.Hawellek. C.; v. Schlippe, A. (Hg.), Entwicklungunterstützen - Unterstützu

ng entwickeln. Systemisches Coaching nach dem Marte Meo Modell, Göttingen: pp.17-34.

- Hawellek. C. (1997). Von der Kraft der Bilder. Systhema, 2.
- Hawellek. C. (2005). Ein-Sichten: Marte Meo in der Erziehungs- und Familienberatung. In: Hawellek. C.; v. Schlippe. A. (Hg.), Entwicklung unterstützen - Unterstützung entwickeln. Systemisches Coaching nach dem Marte Meo Modell, Göttingen: pp.56-72.
- Hawellek. C. (2006). Kleine Monster. Marte Meo Elterncoaching mit Eltern von Babys und Kleinkindern. In: LAG - Horizonte. Informationender Landesarbeitsgemeinschaft für Erziehungsberatung Niedersachsen e.V.: pp.30-35.
- Hawellek. C. (2008). Konkrete Hilfe zur Bewältigung des pädagogischen Alltags. Marte Meo Magazine, Professional Journal of the Marte Meo Method. Fachzeitschrift der Marte Meo Methode. 2008-3 & 4 - Vol. 40/41, Marte Meo International, Eindhoven, Niederlande.
- Hawellek. C. (2012). Entwicklungsperspektiven öffnen: Grundlagen beobachtungsgeleiteter Beratung nach der Marte-Meo-Methode. Göttingen: Vandenhoek & Ruprecht.
- Hawellek. C. (2014). Einladung zum Perspektivwechsel: Das Potential der Marte Meo Methode aus klinisch-psychotherapeutischer Sicht. Marte Meo Magazine, 2014 Art. 33G.
- Hawellek. C. (2017). Marte Meo im Überblick. BoD - Books on Demand, Norderstedt.

- Hawellek. C. (2020). 이유미 옮김, MARTE MEO 마테 메오 시작하기, 지식과감성
- Hüther. G. & Bonny. H. (2007). Neues vom Zappelphilipp: ADS, verstehen, vorbeugen und behandeln. Patmos Verlag Taschenbuch.
- Hüther. G. (2007). Biologie der Angst: Wie aus Stress Gefühle werden. Göttingen: Vandenhoek & Ruprecht.
- Isager, M. & Becker, U. (2010): Marte Meo - Gelungene Kommunikation fördern durch Training der Wahrnehmung. Marte Meo - Aus eigener Kraft: Eine Einführung in das Konzept. In: Themenheft transferplus/Heft 2, 2010.
- Kellermüller. C. (2010). Kursunterlagen: Systemische Basisausbildung nach den "Marte Meo-Modell". Entwicklung unterstützen - Unterstützung entwickeln. Institut für systemische Entwicklung und Fortbildung.
- Mittenecker. E. (1987). Video in der Psychologie. Methoden und Anwendungsbeispiele in Forschung und Praxis (Vol. 9). Bern: Hans Huber.
- Niklaus Loosli. T. & Berther. C. (2015). Die Marte Meo Methode: ein bildbasiertes Konzept unterstützender Kommunikation für Pflegeinteraktion: mit einem Interview von Maria Aarts.
- Papoušek, M. (2001): Intuitive elterliche Kompetenzen. Frühe Kindheit, 4, 4-10.
- Rausch, H. (2008). Mir fällt nix ein. MarteMeo - Kommunikationstraining mit einem 16 jährigen Jugendlichen

aus einer Pflegefamilie. Marte Meo Magazine 2008/1, Vol. 38(1)

- Schepers. G. & König. C. (2000). Video-Home-Training, eine neue Methode der Familienhilfe. Weinheim: Beltz.
- Sirringhaus-Bünder. A. & Bünder. P. (2001). Entwicklung sfördernde Dialoge: Die Nutzung von Marte Meo-Arbeit mit problem-belasteten Familien im Rahmen von Sozial pädagogischer Familienhilfe (SPFH)
- Stern. D. (2010). Die Lebenserfahrung des Säuglings. Stutgart: Klett-Cotta.
- Stocker Nebel. C. (2011). Die Rolle des Reviews bei Marte Meo: Sagt ein Bild wirklich mehr als tausend Worte?
- Trevarthen, C. (1979): Communication and Cooperation in Early Infancy: A Description of Primary Intersubjectivity. In: Bullowa, M: Before Speech. Cambridge.
- V. Schlippe, A. & Schweitzer, J. (2012). Lehrbuch der systemischen Therapie und Beratung 1 u. 2. Göttingen V & R.